CATALOGUE

DE LA

COLLECTION DE PIÈCES

SUR LES BEAUX-ARTS

ÉPERNAY

TYPOGRAPHIE DE BONNEDAME ET FILS

CATALOGUE

DE LA

COLLECTION DE PIÈCES

SUR LES BEAUX-ARTS

IMPRIMÉES ET MANUSCRITES

Recueillies par Pierre-Jean MARIETTE, Charles-Nicolas COCHIN
et M. DELOYNES, Auditeur des Comptes,
et acquise récemment par le département des Estampes
de la Bibliothèque nationale

Par Georges DUPLESSIS

CONSERVATEUR

SOUS-DIRECTEUR ADJOINT AU DÉPARTEMENT DES ESTAMPES

PARIS

ALPHONSE PICARD, Libraire

Rue Bonaparte, 82.

M. D. CCC LXXXI.

AVERTISSEMENT

Gault de Saint-Germain, après avoir réimprimé pour la première fois le livret du salon de 1673, s'exprime ainsi : « L'exemplaire de cette *liste*, unique dans l'Europe, et fidèlement copiée, m'a été communiquée très obligeamment par M. Deloynes, ancien auditeur des Comptes. Elle fait partie de sa riche Collection, peut-être unique aussi, de tous les livrets des expositions de l'Académie Royale, depuis 1673 jusqu'à présent, outre les *observations*, *critiques* et *pièces* qui ont rapport à ce même objet. Cette Collection, commencée par M. Mariette, a été continuée par M. Deloynes depuis la mort de ce célèbre amateur » (1).

Cette note que nous avions lue comme tout le monde avait particulièrement attiré notre attention et excité

(1) Les Trois Siècles de la peinture en France.... par P. M. Gault de Saint Germain. Paris, Belin, 1808. In-8e p. 77.

1

notre curiosité. Qu'était donc devenue cette collection, *peut-être unique*, de pièces sur les arts? en quelles mains était-elle passée? avait-elle été dispersée? telles étaient les questions que nous nous faisions et que nous posions à ceux que préoccupe l'histoire de l'art français. Jusqu'à ce jour nos questions étaient demeurées sans réponse. Il n'en sera plus de même désormais. La Collection de M. Deloynes fait actuellement partie des inestimables trésors de notre Bibliothèque nationale. Un hasard heureux nous a mis à même d'acquérir tout récemment cette collection qui ne comprend pas moins de 56 volumes in-4°, in-8° et in-12, et nous nous empressons d'en donner un catalogue sommaire pour que cette précieuse source d'informations puisse être consultée par tous les curieux qu'elle est appelée à intéresser.

Notre bonne fortune n'eut pas été complète s'il ne nous avait pas été donné de joindre à la collection formée par M. Deloynes la collection qui en avait donné l'idée et qui en composait la tête, cette série de dix volumes qui avait successivement appartenu à Mariette et à Cochin. Une fois en possession de la collection réunie par M. Deloynes, nous nous sommes mis en quête pour retrouver le recueil de Mariette; après des recherches dans diverses directions, nous apprîmes bientôt que ce recueil existait dans son intégrité et qu'il était entre les mains d'un homme qui en faisait grand cas. L'intermédiaire qui nous avait donné la bonne nouvelle tentait de négocier l'affaire et poussait la discrétion jusqu'à nous taire le nom du possesseur actuel de cette collection sans prix. Nous en étions là, fort inquiet sur le sort des négociations entamées, lorsqu'un jour, c'était le 3 février, le possesseur dont le nom et l'adresse nous étaient soigneusement cachés, vint lui-même offrir à la Bibliothèque ces dix volumes qui contenaient une série de livrets de salon et de critiques qu'il serait presque im-

possible de réunir de nos jours. Si l'on ajoute à cela que
ce brave et excellent Mariette avait mis quelques notes de
sa main sur la plupart de ces pièces, on conviendra avec
nous que la trouvaille en valait la peine, et que, quelque
élevé que fut le prix demandé, il eut été coupable de
laisser échapper une collection que nos voisins auraient
été fort heureux de nous enlever ; on traita donc tout
de suite, et ce ne fut pas sans une certaine satisfaction
que les conservateurs du département des estampes réu-
nirent à la collection de M. Deloynes les dix volumes que
P. J. Mariette avait formés. Avant d'être devenu le possesseur du recueil formé par Mariette, M. Deloynes en
avait eu communication lorsqu'il se trouvait entre les
mains de Cochin. Il en avait extrait ce qui lui avait
paru particulièrement digne d'intérêt et des extraits de
ce recueil il avait formé deux volumes, devenus inutiles
lorsque les pièces originales avaient été acquises par lui.
Nous n'avons donc pas à parler dans ce catalogue de
ces deux volumes qui contiennent pour ainsi dire un
résumé des dix volumes composés par Mariette, mais
nous rapporterons la note placée en tête du premier
volume :

« Je suis redevable de tout ce qu'on trouvera de manuscrit dans les deux premiers volumes de ce recueil à
Monsieur Cochin, chevalier de l'ordre du Roy et secrétaire de l'Académie royalle de peinture et de sculpture.
Il en a fait l'acquisition à la vente de M. Mariette, amateur aussi connu que distingué. Cette Collection est
d'autant plus précieuse qu'elle est peut-être la seule que
nous ayons ainsi qu'il le croit lui-même. Aussi il en fait
tant de cas qu'il m'a assuré qu'il était dans l'intention
de la laisser à l'Académie, il croit ne pouvoir lui donner
une plus grande preuve de son attachement.

« Après avoir copié les années d'exposition de tableaux
que je n'ai pu trouver nulle part malgré bien des re-

cherches, j'ai extrait de cet ouvrage tout ce qui m'a
paru de plus curieux, et pour éviter des longueurs insé-
parables d'une pareille entreprise, j'ai quelquefois
renvoié soit au *Mercure de France* soit à d'autres écrits
où on a examiné et critiqué les expositions du Salon du
Louvre. Je n'ai suivi ce travail que jusqu'en 1753. La fa-
cilité que j'ai d'avoir recours à l'ouvrage complet, Monsieur Cochin ayant bien voulu me promettre de me le
prêter toutes les fois que j'en aurais besoin, le nombre
de volumes qui le composent se montant à 17, à l'époque
de l'exposition de 1781 et les fonctions de ma charge
m'ont empeché de le continuer. J'ai d'ailleurs pensé que
cette année 1753 se rapprochant beaucoup, il serait plus
facile de se procurer différentes pièces des années sui-
vantes si elles m'étaient nécessaires. Enfin, ce recueil
n'étant fait que pour mon utilité et ma satisfaction particulière et se trouvant complet en quelque sorte puis-
qu'il renferme les expositions des tableaux qui ont commencé en 1673 jusqu'à ce jour, ce motif joint à tout ce
que je viens de dire, m'a entièrement décidé. Je le con-
tinuerai par la suite d'année en année et je ne crains
pas d'assurer qu'après le recueil de Monsieur Cochin,
celui-ci sera le second et dernier et qu'il pourra par cette
raison être très curieux et très intéressant. Avant de finir,
j'observerai qu'il y a eu tant de critiques, soit bonnes,
soit mauvaises, qui ont paru en 1781 que j'ai été obligé
d'en faire un volume particulier qui a plus de 500
pages. »

« *Nota*. J'ay depuis acheté l'ouvrage de Monsieur
Cochin que je conserve bien précieusement.» (Note d'une
écriture fort postérieure.)

« Mʳ Deloynes (Auditeur à la Cour des Comptes) ayant
acquis la Collection de Mˡˢ Mariette et Cochin, celle-ci
s'arrête à l'année 1777. Elle se compose de X volumes. »
(Note d'une écriture tout-à-fait contemporaine).

En consultant ce Catalogue et en examinant surtout
le recueil lui-même, on trouvera sans aucun doute quelques pièces qui ont échappé aux recherches de M. A. de
Montaiglon qui publia, comme on sait, au mois d'avril
1852, un *Essai de bibliographie des livrets et des critiques de
Salons*, mais, si l'on a l'occasion de compléter quelquefois cette bibliographie spéciale, on ne pourra s'empê-
cher de reconnaître combien les lacunes sont rares dans
le travail de M. de Montaiglon et combien a été soigneusement fait le livre que son auteur intitule modestement
essai.

Paris, 25 février 1880.

CATALOGUE

DE LA COLLECTION DE PIÈCES SUR LES BEAUX-ARTS
IMPRIMÉES ET MANUSCRITES

RECUEILLIE PAR PIERRE JEAN MARIETTE, CHARLES NICOLAS
COCHIN ET M. DELOYNES, AUDITEUR DES COMPTES

ET ACQUISE RÉCEMMENT PAR LE DÉPARTEMENT DES ESTAMPES
DE LA BIBLIOTHÈQUE NATIONALE

TOME I.

1. — Liste des Tableaux et pièces de sculpture exposés dans la Court du Palais Royal par messieurs les peintres et sculpteurs de l'Académie royale (1673). In-4° de 4 pages. (Gault de Saint Germain *(Les Trois Siècles de la peinture en France.* Paris, Belin, 1808. In-8°) a réimprimé le livret de 1673 d'après cet exemplaire, le seul connu de son temps. De ce livret dont on ne cite jusqu'à ce jour que cinq exemplaires, il existe trois éditions toutes trois imprimées chez Pierre Le Petit; celle-ci est la seconde.)

2. — Liste des tableaux et des ouvrages de sculpture exposés dans la grande gallerie du Louvre par MM. les peintres et sculpteurs de l'Académie royale en la présente année 1699. Paris, imp. J. B. Coignard, 1699. In-12 de 23 pag.

3. — (Note extraite du *Mercure de France* relative à cette exposition de 1699.) 2 pag. Ms.

4. — Liste des tableaux et des ouvrages de sculpture

exposés dans la grande gallerie du Louvre par messieurs
les peintres et sculpteurs de l'Académie royale en la présente année 1704. Paris, imp. J. B. Coignard, 1704. In-12 de 34 pag.

5. — Explication des peintures, sculptures et autres ouvrages de messieurs de l'Académie royalle dont l'exposition a été ordonnée suivant l'intention de Sa Majesté par Monseigneur Orry...... à commencer au 18 aoust prochain jusqu'au cinq septembre de la présente année 1737. Paris, imp. Jacq. Collombat, 1737. In-12 de 24 pag. (Mariette a ajouté à cet exemplaire un certain nombre de notes dans lesquelles tantôt il désigne les propriétaires des tableaux, tantôt il donne son opinion sur la valeur des ouvrages exposés.)

6. — Explication des peintures, sculptures et autres ouvrages de messieurs de l'Académie royale dont l'exposition a été ordonnée suivant l'intention de Sa Majesté par M. Orry.... à commencer au 18 aoust jusqu'au 10 septembre de la présente année 1738. Paris, imp. J. Collombat, 1738. In-12 de 33 pag. et 175 numéros. (Mariette mentionne à la fin de ce livret quelques ouvrages exposés depuis l'impression du livret.)

7. — Disposition du Tableau allégorique de la Réunion de la Lorraine à la France du Règne de Louis XV sous le ministère de S. E. Monseigneur le Cardinal de Fleury, peint par Mr Delobel, peintre ordinaire du Roy. Paris, imp. C. C. Thiboust, 1738. In-12 de 12 pag.

8. — Description raisonnée des Tableaux exposés au Louvre. — Lettre à Madame la Marquise de S. P. R. (par le chevalier de Neufville de Brunaubois Montador). (Paris, 1 septembre 1738.) In-12 de 10 pag.

9. — Explication des peintures, sculptures et autres ouvrages de messieurs de l'Académie royale dont l'exposition a été ordonnée suivant l'intention de Sa Majesté par M. Orry.... à commencer le 6 septembre jusqu'à la

fin du dit mois de la présente année 1739. Paris, Imp.
Jacq. Collombat, 1739. In-12 de 22 pag.

10. — Lettre à M*** (sur la statue de *l'Amour*, par
Bouchardon). Paris, 31 mai 1750, (par P. J. Mariette,
sous le nom du Comte de Caylus). In-12 de 7 pag.

11. — Description raisonnée des tableaux exposés au
Louvre (par M. le Chevalier de Neufville de Brunaubois
Montador). 1739. Lettre à madame la marquise de S. P.
R. In-12 de 12 pag.

12. — Explication des peintures, sculptures et autres
ouvrages de messieurs de l'Académie royale dont l'exposition a été ordonnée, suivant l'intention de Sa Majesté
par M. Orry... à commencer le 22 aoust 1740 pour durer
trois semaines. Paris, imp. J. Collombat, 1740. In-12 de
30 pag. et 127 numéros.

13. — Explication des peintures, sculptures et autres
ouvrages de messieurs de l'Académie royale dont l'exposition a été ordonnée, suivant l'intention de Sa Majesté,
par M. Orry.... à commencer le 1er septembre 1741
pour durer trois semaines. Paris, imp. J. Collombat,
1741. In-12 de 30 pag. et 132 numéros.

14. — Lettre à M. de Poiresson-Chamarande, lieute-
nant-général au bailliage et siège présidial de Chaumont
en Bassigny au sujet des tableaux exposés au Salon du
Louvre. Paris le 5 septembre 1741. In-12 de 46 pag.

15. — Explication des peintures, sculptures et autres
ouvrages de messieurs de l'Académie royale dont l'exposition a été ordonnée, suivant l'intention de Sa Majesté
par M. Orry.... à commencer le jour de S. Louis 25
aoust 1742 pour finir le jour de St Mathieu 21 septembre
suivant. Paris, imp. J. Collombat, 1742. In-12 de 34
pag. et 139 numéros.

16. — Explication des peintures, sculptures et autres
ouvrages de messieurs de l'Académie royale dont l'exposition a été ordonnée, suivant l'intention de Sa Majesté,

par M. Orry..., à commencer le 5 jour d'aoust 1743 pour
finir à la S¹ Louis inclusivement. Paris, J. Collombat,
1743. In-12 de 38 pag. et 123 numéros. (Mariette a
ajouté à ce livret la mention de quelques tableaux exposés qui ne l'étaient pas encore au moment de l'impression du catalogue.)

17. — Lettre sur les quatre modèles exposés au Salon,
pour le mausolée de Son Eminence Monseigneur le
Cardinal de Fleury (par Charles Etienne Pesselier). S.
l. ni d. In-4° de 10 pag.

18. — Explication des peintures, sculptures et autres
ouvrages de messieurs de l'Académie royale dont l'exposition a été ordonnée, suivant l'intention de Sa Majesté
par M. Orry.... à commencer le jour de S. Louis 25
d'aoust 1745 pour durer un mois. Paris, imp. J. F.
Collombat, 1745. In-12 de 34 pag. et 174 numéros. (Ce
livret contient une note de Mariette à propos d'un portrait peint par Latour.)

19. — Vers à l'occasion de la place où l'on a mis le
portrait de M. Orry à la salle des Tableaux n° 166 ; on
l'a placé au dessus d'un abbé et à côté de celui du Roi.
(Ce portrait était peint au pastel par Latour.) 1 pag. Ms.

TOME II.

20. — Explication des peintures, sculptures et autres
ouvrages de Messieurs de l'Académie royale dont l'exposition a été ordonnée, suivant l'intention de sa Majesté par M. Le Normand de Tournehem..... à commencer le jour de S. Louis 25 d'aoust 1746, pour durer
un mois. Paris, imp. J. F. Collombat, 1746. In-12 de 31
pag. et 150 numéros. (Ce livret contient quelques notes
manuscrites de Mariette.)

21. — Réflexions sur quelques causes de l'état présent de la peinture en France avec un examen des principaux ouvrages exposés au Louvre le mois d'aoust 1746 (par M. de la Font de Saint-Yenne). La Haye, J. Neaulme, 1747. In-12 de 159 pag.

22. — Lettre de l'auteur des réflexions sur la peinture et de l'examen des ouvrages exposés au Louvre en 1746 (par M. de la Font de Saint-Yenne). S. l. ni d. In-12 de 28 pag.

23. — (Note de Mariette à propos de cette brochure.) 10 pag. Ms.

24. — Jugement des Journalistes de Trévoux sur cet ouvrage. 11 pag. Ms.

25. — Explication des peintures, sculptures et autres ouvrages de Messieurs de l'Académie royale dont l'exposition a été ordonnée, suivant l'intention de Sa Majesté par M. Le Normand de Tournehem.... à commencer le jour de S‸ Louis 25 d'aoust 1747 pour durer un mois. Paris, J. F. Collombat, 1747. In-12 de 30 pag. et 133 numéros. (Ce livret contient quelques notes manuscrites de Mariette.)

26. — Lettre sur l'exposition des ouvrages de peinture, sculpture, etc., de l'année 1747 et en général sur l'utilité de ces sortes d'expositions, à Monsieur R. D. R... (par l'abbé Leblanc). 1747. In-12 de 180 pag. front. grav. (Mariette a mis au bas du titre la note suivante : « De méchantes langues ont osé avancer que cet ouvrage avoit été fait pour M. de la Tour et lui avoit été donné en payement du portrait de M. l'abbé Le Blanc ; d'autres ont dit que si cela étoit, ils le trouvoient bien mal payé. »)

27. — Reflexions d'un amateur des beaux-arts adressées à M⁰ de*** pour servir de supplément à la lettre sur l'exposition des ouvrages de peinture, sculpture, etc., de l'année 1747 (par M. Lieudé de Sepmanville). 1747. In-12 de 47 pag.

28. — Dialogue de M. Coypel, premier peintre du Roi sur l'exposition des Tableaux dans le Sallon du Louvre en 1747. In-12 de 16 pag. Extrait du *Mercure de France* novembre 1751.

29. — Lettre des jeunes élèves de peinture à Mr L.. F.... (La Font), (par M. Watelet). S. l. ni d. In-12 de 7 pag.

30. — Epitre au Roy sur quelques Tableaux exposés au Louvre pour le concours proposé par Mr de Tournehem, directeur général des Bâtimens, par M. B...(Bret, avocat, né à Dijon). Paris, Prault. S. d. (1747). In-12 de 7 pag.

TOME III.

31. — Explication des peintures, sculptures et autres ouvrages de messieurs de l'Académie royale dont l'exposition a été ordonnée suivant l'intention de Sa Majesté par M. Le Normand de Tournehem..... à commencer le jour de S. Louis 25 d'aoust 1748, pour durer un mois. Paris, imp. J. F. Collombat, 1748. In-12 de 26 pag. et de 117 numéros.

32. — Lettre sur la peinture, sculpture et architecture à M*** (par une société d'amateurs). 1748. In-12 de 146 pag.

33. — Jugement que porte sur cet ouvrage l'auteur du *Mercure de France* (Raymond de Saint Albine). 2 pag. Ms.

34. — Observations sur les arts et sur quelques morceaux de peinture et de sculpture exposés au Louvre en 1748 où il est parlé de l'utilité des embellissemens dans les villes (par une société d'amateurs). A Leyde, chez Elias Luzac, junior, 1748. In-12 de 212 pag.

— Extrait du *Mercure de France*. Janvier 1749.
Raymond de Saint Albine. (Note relative à la cri-
que ci-dessus mentionnée.) 2 pag. Ms.

35. — Remarque de M. Gravelot sur la brochure intitulée « Observations...... » 3 pag. Ms.

37. — Lettre à M. D*** sur celles qui ont été publiées
récemment concernant la peinture, la sculpture, l'architecture (par M. Alexandre Tanevot). 1748. In-12 de
15 pag. (Marlette a ajouté au-dessous de ce titre : « La
Réponse à cette lettre se trouve à la fin de la seconde
édition de la lettre sur la peinture, la sculpture et l'architecture à M***. »)

38. — Reflexions sur quelques circonstances présentes
contenant deux lettres sur l'exposition des Tableaux au
Louvre cette année 1748 à M. le Comte de R***, et une
autre lettre à M. de Voltaire au sujet de sa Tragédie de
Sémiramis (par M. Louis Guillaume Baillet de S¹ Julien,
séminaire de Dijon, né à Paris). S. l. ni d. (1748). In-12
de 39 pag.

TOME IV.

39. — Lettre sur la peinture, la sculpture et l'architecture à M***. Seconde édition revue et augmentée de
nouvelles notes et de reflexions sur les Tableaux de M.
Troy. A Amsterdam, 1749. In-12 de 214 pag.

— Lettre sur la cessation du Sallon de peinture.
Bruxelles, 1749. In-12 de 47 pag.

— Explication des peintures, sculptures et autres
ouvrages de messieurs de l'Académie royale dont l'exposition a été ordonnée, suivant l'intention de Sa Majesté,
par M. Le Normand de Tournehem.... à commencer le
jour de S¹ Louis 25 d'aoust 1750, pour durer un mois.

Paris, J. Fr. Collombat, 1750. In-12 de 32 pag. et 150 numéros.

42. — Addition sur cette exposition. (Note annonçant que l'exposition de 1750 a été prolongée jusqu'au 8 octobre pour permettre au public de voir quatre tableaux de M. de Troy qui n'étaient arrivés de Rome que la veille de la clôture.) 2 pag. Ms.

43. — Sujet allégorique sur la paix générale conclue et signée à Aix la Chapelle le 18 octobre 1748 et publiée en février 1749, exposé au Salon du Louvre le 25 aout 1750 sous le n° 95, (par Nicolas Delobel). S. l. ni d. In-12 de 10 pag.

44. — Exposition. (Compte rendu de l'exposition de 1750, par M. le comte de Caylus), extrait du *Mercure de France*. In-12 de 10 pag.

45. — (Notice sur Meyssonnier, orfèvre, par P. J. Mariette.) 4 pag. Ms.

46. — Lettres sur la peinture à un amateur (par M. Louis-Guillaume Baillet de Saint-Julien). A Genève, 1750. In-12 de 44 pag.

47. — Réponse de l'amateur à la première lettre sur la peinture. (Paris) 26 septembre 1750. [signé F.] (Mariette met en note : « Ne seroit-ce pas Freron qui auroit fait cette reponse?».) In-12 de 16 pag.

48. — Lettre sur les Tableaux, 1750. A madame V*** (Vanloo), (par Porcien, élève de M. Coypel). In-8° de 3 pag.

49. — Explication des peintures, sculptures et autres ouvrages de Messieurs de l'Académie royale dont l'exposition a été ordonnée, suivant l'intention de Sa Majesté par M. Le Normand de Tournehem..... à commencer le jour de St Louis 25 d'aoust 1751 pour durer un mois. Paris, imp. Ve J. F Collombat, 1751. In-12 de 32 pag. et 101 numéros.

50. — Exposition des ouvrages de l'Académie royale

de peinture, faite dans une des sales du Louvre le 25
aout 1751 (par le comte de Caylus). In-12 de 12 pag.
Extrait du *Mercure de France*. Octobre 1751.

51. — Jugemens sur les principaux ouvrages exposés
au Louvre le 27 aout 1751. A Amsterdam, 1751. In-12
de 40 pag. (Par Le Comte ou Coypel, d'après M. de Montaiglon.)

52. — Article CXX des *Mémoires pour l'histoire des
sciences et des beaux-arts*.— Jugemens sur les principaux
ouvrages exposés au Louvre en 1751. 6 pag. Ms.

TOME V.

53. — Explication des peintures, sculptures et autres
ouvrages de Messieurs de l'Académie royale dont l'exposition a été ordonnée, suivant l'intention de Sa Majesté, par M. de Vandières..... à commencer le jour de
S. Louis, 25 d'aoust 1753 pour durer jusqu'au 25 septembre. Paris, imp. J. J. E. Collombat, 1753. In-12 de
36 pag. et 175 numéros.

54. — Exposition des ouvrages de l'Académie royale
de peinture et de sculpture faite dans une sale du Louvre le 25 aout 1753 (par M. de Caylus). S. l. In-12 de
7 pag.

55. — Le Salon, (par M. Jacques Lacombe, avocat,
auteur du Dictionnaire portatif des Beaux-Arts. 1753).
In-12 de 39 pag. front. grav.

56. — Lettre à un ami sur l'exposition des tableaux,
faite dans le grand Sallon du Louvre le 25 aout 1753 (par
M. Estève). S. l. ni d. In-12 de 24 pag.

57. — La peinture, Ode de Milord Telliab (Baillet de
Saint Julien), traduite de l'Anglois par M***, un des auteurs de l'encyclopédie. A Londres, 1753 In-12 de 22 pag.

58. — Sentimens d'un amateur sur l'exposition des Tableaux du Louvre et la critique qui en a été faite, (par l'abbé Garigue). Paris, 31 aoust 1753. In-12 de 44 pag.

59. — Jugement d'un amateur sur l'exposition des Tableaux. —Lettre à M. le marquis de V*** (Vence), (par le père Laugier). 1753. In-12 de 83 pag.

60. — Lettre sur l'exposition des Tableaux au Louvre, avec des notes historiques (par M. Huquier le fils). 1753. In-12 de 65 pag.

61. — Lettre à un amateur en réponse aux critiques qui ont paru sur l'exposition des tableaux (par M. Cochin, secrétaire de l'Académie). In-12 de 36 pag. (Mariette avait désigné comme auteur de cette brochure Jombert. Cochin qui s'en aperçut écrivit au bas la mention suivante : « M. Mariette s'est trompé, cette lettre est de moy, Cochin. »)

62. — Lettre à Mr Ch.(ardin) sur les caractères en peinture (par M. Louis Guillaume Baillet de St Julien). A Genève, 1753. In-12 de 24 pag.

63. — Observations sur les ouvrages de MM. de l'Académie de peinture et de sculpture exposés au Sallon du Louvre en l'année 1753, et sur quelques écrits qui ont rapport à la peinture. A Monsieur le président de B**, (par M. l'abbé Leblanc). 1753. In-12 de 175 pag.

64. — Jugement de cet écrit. 1 pag. Ms.

65. — Autre jugement sur ces observations. 3 pag. Ms.

66. — Lettres sur quelques écrits de ce temps. Au sujet des Tableaux qui ont été exposés dans le grand salon du Louvre en 1753. Paris, 20 octobre 1753. In-12 de 30 pag. Défait.

67. — La peinture, Ode de Milord Telliab (Baillet de Saint Julien), traduite de l'anglais par M**, etc. Jugement d'un amateur, sur l'exposition des Tableaux à M. V**. In-12 de 17 pag. Défait.

68. — Autre jugement sur le même ouvrage. 2 pag. Ms.

TOME VI.

69. — Sentimens sur quelques ouvrages de peinture, sculpture et gravure écrits à un particulier en province (par M. de Lafont de Saint Yenne). 1754. In-12 de 182 pag.

70. — Explication des peintures, sculptures et gravures de Messieurs de l'Académie royale dont l'exposition a été ordonnée, suivant l'intention de Sa Majesté, par M. le Marquis de Marigny… pour l'année 1755. Paris, imp. J. J. E. Collombat, 1755. In-12 de 45 pag. et 177 numéros.

71. — Lettre sur le Salon de 1755 adressée à ceux qui la liront. Amsterdam, chez Arkstée et Merkus, 1755. In-12 de 81 pag.

72. — Jugement sur cet écrit. 3 pag. Ms.

73. — Sentimens sur plusieurs des Tableaux exposés cette année dans le grand Sallon du Louvre (par M. de la Porte, professeur de mathématiques). 1755. In-12 de 20 pag.

74. — Lettre à un partisan du bon gout sur l'exposition des Tableaux faite dans le grand Sallon du Louvre le 28 aout 1755, (par Estève). In-12 de 24 pag. (A la suite de cette brochure Mariette ajoute une note de neuf pages qui commence ainsi : « Cette lettre qui est de la composition de M. Estève a eu deux éditions et l'une des deux, (je pense la dernière) dont il s'est répandu un trop petit nombre d'exemplaires dans le public, a été supprimée par l'auteur même. Il ne m'a pas été possible de me le procurer. Mais je l'ai prise en communication et je vais marquer les endroits dans lesquels elle diffère de l'édi-

tion qui est ici ; elle porte cet autre titre : Première lettre à un Virtuoso qui ira bientôt à Rome pour y apprendre qu'un beau tableau doit être d'une mauvaise couleur, sur l'exposition des peintures, gravures et sculptures faite par Messrs de l'Académie royale dans le grand Salon du Louvre le 28 aoust 1755.»)

75. — Seconde lettre à un partisan du bon gout sur l'exposition des peintures, gravures et sculptures, faite par messieurs de l'Académie royale dans le grand Salon du Louvre le 28 aout 1755 (par Estève). In-12 de 24 pag.

76. — Réponse à une lettre adressée à un partisan du bon gout, sur l'exposition des Tableaux faite dans le grand Salon du Louvre, le 28 aout 1755. In-12 de 27 pag.

77. — Avis aux critiques des Tableaux exposés au Sallon. In-12 de 4 pag.

78. — Réponse d'un aveugle à messieurs les critiques des Tableaux exposés au Sallon. 1755. In-12 de 10 pag. (A propos de cette brochure et de la précédente, Mariette s'exprime ainsi : « On prétend que la lettre d'un aveugle et l'avis aux critiques sont de la composition de M. Blanchet, jeune homme qui a été jésuite, mais il est plus probable que l'auteur est M. Du Londel, secrétaire de M. de Penthièvre, d'autant que c'est lui qui a procuré l'édition de ces deux pièces.»)

79. — La peinture. Poëme (par Baillet de Saint Julien). 1755. In-12 de 15 pag.

80. — Caractères des peintres françois actuellement vivans (par l'auteur du poëme ci-dessus, Baillet de Saint Julien). In-12 de 17 pag. (Mariette nous apprend qu'il parut encore cette année là une « Lettre d'un particulier à un de ses parens peintre en Province sur le Sallon, datée de Paris le 19 septembre 1755. 15 pag. »; mais cette lettre lui manquait.)

TOME VII.

81. — Explication des peintures, sculptures et gravures de Messieurs de l'Académie royale dont l'exposition a été ordonnée suivant l'intention de Sa Majesté, par M. le marquis de Marigny.... pour l'année 1757. Paris, imp. J. J. E. Collombat, 1757. In-12 de 39 pag. et 162 numéros.

82. — Description d'un tableau représentant le *sacrifice d'Iphigénie* peint par Carle Vanlo (par le comte de Caylus). Paris, Duchesne, 1757. In-12 de 31 pag.

83. — Extrait des *Observations sur la physique et les arts.* — Lettre à l'auteur (sur l'exposition de cette année). (Paris), imp. Moreau, 1757. In-4° de 20 pag. (Cette lettre a été attribuée à M. Renou, secrétaire de l'Académie de peinture et sculpture.)

84. — Réponse à la lettre critique sur les Tableaux exposés au Salon, en l'année 1757. In-12 de 14 pag.

85. — Lettre de M. Toussaint à M. Carle Vanloo. Extrait du *Mercure* novembre. 1757. 4 pag. Ms.-

86. — Reflexions sur la critique des ouvrages exposés au Sallon du Louvre (par M. Cochin, secrétaire de l'Académie royale de peinture). Extrait du *Mercure de France* Octobre 1757. In-12 de 16 pag.

87. — Reflexions d'un amateur sur les observations que l'auteur du *Mercure* a faites des tableaux et de la sculpture exposés au Sallon du Louvre en l'année 1757. 2 pag. Ms.

88. — *L'Anne littéraire.* Année M.DCC.LVII. par M. Fréron, des Académies d'Angers, de Montauban, de Nancy, d'Arras, de Caen, de Marseille et des Arcades de

Rome. A Amsterdam et Paris, M. Lambert. — Lettre XIV. Description d'un tableau représentant le *sacrifice d'Iphigénie* peint par M. Carle Vanloo. — Extrait des observations sur la physique et les arts. Lettre à l'auteur (M. Toussaint). — Réflexions sur la critique des ouvrages exposés au Sallon du Louvre qui a paru sous le titre d'*Extrait des observations sur la physique et les arts* — Réponse à la lettre critique sur les Tableaux du Louvre. — *Vénus demandant à Vulcain des armes pour Énée*, (Tableau de François Boucher). — *Triomphe de Bacchus*, (Tableau de Restout). 32 pag. Défait. — Lettre XV. Exposition des ouvrages de peinture, de sculpture et de gravure. 20 pag. Défait.

89. — Explication des peintures, sculptures et gravures de Messieurs de l'Académie royale dont l'exposition a été ordonnée, suivant l'intention de Sa Majesté, par M. le marquis de Marigny....., pour l'année 1759 Paris, imp. J. J. E. Collombat, 1759. In-12 de 36 pag. et 164 numéros.

90. — Lettre critique à un ami sur les ouvrages de MM. de l'Académie exposés au Sallon du Louvre. 1759. In-12 de 32 pag.

91. — Réponse à un écrit anonyme intitulé : Lettre critique à un ami, sur les ouvrages de messieurs de l'Académie, exposés au Salon du Louvre. Extrait de *l'Observateur littéraire* de 1759. In-12 de 21 pag.

92. — *Petites affiches de Paris*. 30 août 1759. (Annonce de l'ouverture de l'exposition). 3 pag. Ms.

93. — Explication des peintures, sculptures et gravures de Messieurs de l'Académie royale dont l'exposition a été ordonnée, suivant l'intention de Sa Majesté, par M. le marquis de Marigny...... pour l'année 1761. Paris, imp. J. J. E. Collombat, 1761. In-12 de 36 pag. et 157 numéros.

94. — Observations d'une société d'amateurs sur les

tableaux exposés au Salon cette année 1761 tirées de l'*Observateur littéraire* de M. l'abbé (Joseph) de la Porte. Paris, Duchesne. In-12 de 72 pag.

95. — Observations d'une société d'amateurs sur les Tableaux exposés au Salon cette année 1761 (par Fréron). Défait de l'*Année littéraire*. 7 pag.

96. — Jugement sur ces observations. 4 pag. Ms.

97. — *Petites affiches de Paris*, du 31 aout 1761. (Annonce de l'ouverture du Salon.) 5 pag. Ms.

TOME VIII.

98. — Explication des peintures, sculptures et gravures de Messieurs de l'Académie royale dont l'exposition a été ordonnée, suivant l'intention de Sa Majesté par M. le marquis de Marigny.... Paris, imp. J. T. Hérissant, 1763. In-12 de 40 pag. et 208 numéros.

99. — Description des Tableaux exposés au Sallon du Louvre avec des remarques par une société d'amateurs (par l'abbé de la Porte). Extraordinaire du *Mercure* de septembre. Paris, S. Jorry, 1763. In-12 de 67 pag.

100. — Lettre à Madame *** sur les peintures, les sculptures et gravures exposées dans le Sallon du Louvre cette année. 1763 (par Mathon de la Cour). In-12 de 22 pag.

101. — Lettres (de M. Mathon de la Cour, de Lyon) madame ** sur les peintures, les sculptures et les gravures exposées dans le sallon du Louvre en 1763. Paris, G. Desprez et Duchesne, 1763. In-12 de 93 pag.

102. — Jugement de Bachaumont sur ces lettres. 1 pag. Ms.

103. — Les Misotechniques aux enfers ou examen des observations sur les arts par une société d'amateurs

(par M. Cochin). A Amsterdam, 1763. In-12 de 111 pag.
fig.

104. — Jugement de Bachaumont sur l'exposition de
1763. 2 pag. Ms.

105. — Vers à M. Deshayes, le jeune, de l'Académie
royale de peinture 1764 [signés : Blain de Sain More].
2 pag. Ms.

106. — Explication des peintures, sculptures et gravures de Messieurs de l'Académie royale dont l'exposition a été ordonnée, suivant l'intention de Sa Majesté
par M. le marquis de Marigny.... Paris, imp. J. T. Hérissant, 1765. In-12 de 48 pag et 261 numéros.

107. — Critique des peintures et sculptures de messieurs de l'Académie royale l'an 1765. In-12 de 34 pag.

108. — Lettre à Monsieur ** sur les peintures, les
sculptures et les gravures exposées au Sallon du Louvre en 1765. [Signé : M** de la Cour], (Charles-Joseph
Mathon de la Cour, né à Lyon en 1738.) In-12 de 25 pag.

109. — Seconde lettre à Monsieur ** sur les peintures,
les sculptures et les gravures, exposées au Sallon du
Louvre en 1765. [Signé : Mathon de la Cour.] In-12 de
23 pag.

110. — Troisième lettre à Monsieur ** sur les peintures,
les sculptures et les gravures exposées au Sallon du
Louvre en 1765. [Signé : Mathon de la Cour.] In-12 de
24 pag.

111. — Quatrième lettre à monsieur ** sur les peintures, les sculptures et les gravures, exposées au Sallon
du Louvre en 1765. [Signé Mathon de la Cour, le fils.] In-
12 de 24 pag.

112. — Jugement de Bachaumont sur ces lettres. 2
pag. Ms.

113. — Jugement de Bachaumont sur cette exposition.
2 pag. Ms.

114. — Explication des peintures, sculptures et gra-

vures de Messieurs de l'Académie royale, dont l'exposition a été ordonnée, suivant l'intention de Sa Majesté
par M. le marquis de Marigny.... Paris, imp. Hérissant, père 1767. In-12 de 48 pag. et 243 numéros.
(Mariette dit à propos de ce livret : « Cette exposition
n'a produit aucune critique ; ceux qui s'y étoient jusqu'à
présent exercés se sont lassés de dire des sottises et très
sagement ils ont pris le parti de garder le silence. » Au
dessous de cette note Ch. Nic. Cochin a écrit ce qui suit :
« M. Mariette n'a point sçu la cause du silence des critiques en cette année. J'étais assez bien voulu de M. de
Sartines, je lui représentai que nous mettions nos noms
à nos tableaux et que nous étions insultés par des gens
qui ne se nommoient pas, et que, sous ce couvert, ils
nous disoient souvent des injures assez grossières, que
si l'on exigeoit d'eux qu'ils se nommassent, sans empê-
cher qu'ils ne disent leur avis, cela du moins pourroit
les rendre plus circonspects et plus honnêtes. M. de Sartines goutast mes raisons et exigea qu'ils missent leurs
noms à leurs brochures ; pas un ne le voulut et ils ne
firent pas imprimer leurs écrits. Mathon de la Cour y fut
le premier pris ; il vouloit bien mettre de la Cour, mais
on exigea son nom en entier et il ne le voulut pas. Mais
M. Pierre qui sçût cet obstacle que j'avois apporté
s'avisa de m'en faire une querelle, prétendant que c'étoit
paroistre avoir peur, qu'il falloit narguer les critiques ; je
fûs si piqué de cette tracasserie que, l'année suivante, je
ne continuai point ma demande et les critiques reprirent
de plus belle. »)

115. — Ouverture du Salon (Note relative à l').2 pag. Ms.

116. — Exposition des élèves protégés par le Roi le 3
octobre 1767. 2 pag. Ms.

117. — Exposition du Salon de 1767 peint par M. Ga-
briel de Saint Aubin, peintre, frère ainé de M. de Saint
Aubin, graveur. — Autre en 1777 1 pag. Ms.

TOME IX.

118. — Explication des peintures, sculptures et gravures de Messieurs de l'Académie royale dont l'exposition a été ordonnée, suivant l'intention de Sa Majesté par M. le marquis de Marigny... Paris, imp. Hérissant père, 1769. In-12 de 48 pag. et 260 numéros.

119. — Lettre sur le Salon de peinture de 1769 par M. B*** (Beaucousin). Paris, Humaire, 1769. In-12 de 34 pag. (Mariette avait attribué cette brochure à M. de Boulmiers, ancien capitaine de cavalerie, qui l'aurait désavouée depuis, nous apprend M. Deloynes dans une note.)

120. — Lettre sur l'exposition des ouvrages de peinture et de sculpture au Sallon du Louvre 1769. A Rome et se trouve à Paris chez Vente, 1769. In-12 de 52 pag.

121 — Jugement de Bachaumont sur cette lettre. 1 pag. Ms.

122. — Sentimens sur les Tableaux exposés au Salon. 1769. In-12 de 20 pag. (Mariette ajoute en note à la suite de cette brochure : « Cette lettre qui est d'un ton plaisant et qui contient des vérités, est de la composition d'un Mr Daudet de Jossac, à ce que m'a assuré M. Cochin qui connoit l'auteur. Il est parent de M. Singlin, ci-devant Préteur de Strasbourg.»)

123. — Lettre sur les peintures, gravures et sculptures qui ont été exposées cette année au Louvre, par M. Raphael, peintre, de l'Académie de Saint Luc, entrepreneur général des Enseignes de la ville, fauxbourgs et banlieue de Paris, à M. Jérosme, son ami, rapeur de tabac et riboteur. (« Par M. Daudet de Jossac, nouveau

champion,» dit Mariette, «qui est entré en lice, et qui, à la faveur d'une plaisanterie qu'il a imaginée, se tenant toujours sur le ton badin, a jugé assez sévèrement les ouvrages exposés, sans craindre de nuire aux artistes dont il s'est permis de relever les fautes, bien ou mal, c'est une question. ») Paris, Delalain, 1769. In-12 de 40 pag.

124. — Sentiment de Bachaumont sur cet écrit. 3 pag. Ms.

125. — Réponse de M. Jérome, rapeur de tabac à M. Raphael, peintre de l'Académie de S. Luc, entrepreneur général des enseignes de la ville, fauxbourgs et banlieue de Paris (par M. Cochin). Paris, Jombert fils, 1769. In-12 de 33 pag.

126. — Le Chinois au Salon (par feu M. Godefroy, peintre). 1769. In-12 de 15 pag.

127. — L'Exposition des Tableaux du Louvre faite en l'année M.DCC LXIX, par M. de Camburat. Genève et Paris, Valade, 1769. In-12 de 22 pag.

128. — L'*Année littéraire* — Lettre XIII. Exposition des peintures, sculptures et gravures de messieurs de l'Académie royale (par Fréron). 36 pag. Défait.

129. — Arts. Description du nouveau plafond de Saint Cloud (par M. Pierre). 7 pag. Défait du *Mercure de France*. Décembre 1769.

130. — Lettre de M. Casanova, peintre du Roi, en réponse à un critique de ses tableaux. 5 pag. Défait du *Mercure de France*. Décembre 1769.

131. — Réponse à la lettre de M. Casanova. 15 pag. Défait de *l'Année littéraire*. (On lit au bas de cette brochure : « On a pensé que M. Fréron avoit été aidé dans ses deux lettres par quelque artiste et que c'étoit M. Cochin, et M. Cochin ne s'en est pas beaucoup défendu.» (Cochin a mis au bas de cette note : « J'en conviens, Cochin. ») « Ce qu'il y a en de plus singulier dans cette dis-

cussion c'est que M. Casanova abusant de sa liaison avec
M. le chevalier d'Arcq qui abusoit de la foiblesse de M.
de St Florentin fit mettre M. Fréron au fort l'évêque.
M. Cochin l'y fut trouver lui offrant de se dénoncer soy
mesme. M. Fréron ne le voulut pas, n'y devant rester
que vingt quatre heures.»)

132. — Vers adressés à M. de Casanova, peintre du
Roi. 3 pag. Ms. (Cette pièce de vers est suivie d'une ap-
préciation de P. J. Mariette.) Extr. du *Mercure de France*,
avril 1770.

133. — Lettre adressée aux auteurs du *Journal encyclopédique* au sujet des ouvrages exposés au Salon du
Louvre en 1769. 24 pag. Ms.

134. — *L'Avant Coureur*. 1769. 4 septembre. — Arts.
— Prix de peinture et de sculpture. 2 pag.— Exposition
au Salon du Louvre des peintures, sculptures et gravures de MM. de l'Académie royale. 5 pag. Défait.

135. — *L'Avant Coureur*. 1769. 11 septembre. — Arts.
— Exposition des peintures, sculptures, gravures de
MM. de l'Académie royale. 7 pag. Défait.

136. — *L'Avant Coureur*. 1769. 18 septembre. — Arts.
— Exposition des peintures, sculptures et autres ouvrages de MM. de l'Académie royale. 8 pag. Défait.

137. — *L'Avant Coureur*. 1769. 25 septembre. — Arts.
— Exposition des peintures, sculptures et autres ouvrages de MM. de l'Académie Royale. 9 pag. Défait.

138. — Nouvelles littéraires. — Lettre de M. Greuze
à l'auteur de l'*Avant Coureur* (à propos de son morceau
de reception à l'Académie).. 2 pag. Défait.

139. — Prix de peinture en 1771. 2 pag. Ms.

140. — Explication des peintures, sculptures et gravures de Messieurs de l'Académie royale, dont l'exposition a été ordonnée, suivant l'intention de Sa Majesté
par M. le marquis de Marigny..... Paris, imp. Hérissant
père, 1771. In-12 de 60 pag. et 320 numéros,

141. — Lettre de M. Raphael le jeune, élève des écoles gratuites de dessin, neveu de feu M. Raphael, peintre de l'Académie de saint Luc, à un de ses amis, architecte à Rome, sur les peintures, sculptures et gravures qui sont exposées cette année au Louvre (par M. Daudet de Jossa). 1771. In-12 de 62 pag.

142. — Jugement de Bachaumont sur cet écrit. 2 pag. Ms.

143. — L'Ombre de Raphael, ci-devant peintre de l'Académie de Saint Luc, à son neveu Raphael, élève des écoles gratuites de dessin, en réponse à sa lettre sur les peintures, gravures et sculptures exposées cette année au Louvre. 1771. In-12 de 59 pag.

144. — Plaintes de M. Badigeon, marchand de couleurs sur les critiques du Sallon de 1771. Amsterdam et Paris, L. Cellot, 1771. In-12 de 23 pag. (Mariette avait mis sur le titre la note suivante : « Cet écrit passe pour être de M. Cochin et je n'ai pas vu qu'il s'en deffendit. » Cochin a écrit au-dessous : « M. Mariette s'est fort trompé je n'ay eu aucune part à cette critique, Cochin.»)

145. — La Muse errante au Sallon. Apologie critique en vers libres suivant l'ordre des numéros des peintures, sculptures et gravures exposées au Louvre en l'année 1771 (par Cailleau, libraire). A Athènes et se trouve à Paris chez Cailleau. 1771. In-12 de 48 pag.

TOME X.

146. — Explication des peintures, sculptures et gravures de Messieurs de l'Académie royale dont l'exposition a été ordonnée, suivant l'intention de Sa Majesté par M. l'abbé Terray..... Paris, imp. Vᵉ Hérissant, 1773. In-12 de 59 pag. et 294 numéros.

147. — Dialogues sur la peinture. Seconde édition, enrichie de notes. Paris, Tartouillis (1773). In-8° de 168 pag.

148. — Eloge des Tableaux exposés au Louvre le 26 aout 1773 suivi de l'entretien d'un lord, avec M. l'abbé A***. Paris, 1773. In-8° de 79 pag.

149. — Observations sur cet écrit par Bachaumont. 1 pag. Ms.

150. — Autre jugement par Fréron. 1 pag. Ms.

151. — Le Devidoir du Palais Royal, instrument assez utile aux peintres du Sallon de 1773. A La Haye, 1773. In-12 de 39 pag.

152. — Vision du Juif Ben-Esron, fils de Sépher, marchand de Tableaux. A Amsterdam, 1773. In-8° de 32 pag.

153. — Jugement tiré des *Mémoires de Bachaumont* sur cette critique. 1 pag. Ms.

154. — Autre jugement tiré du *Mercure*. 2 pag. Ms.

155. — Epitre à monsieur Vernet, peintre du Roi.... par M. Bouquier. Amsterdam et Paris, 1773. 28 pag. Ms.

156. — Exposition au Salon du Louvre des peintures et sculptures de messieurs de l'Académie royale de peinture en 1773. *Mercure de France*. 42 pag. Ms.

157. — Prix de l'Académie en 1774. 2 pag. Ms.

158. — Explication des peintures, sculptures et gravures de messieurs de l'Académie royale dont l'exposition a été ordonnée, suivant l'intention de Sa Majesté par M. le comte de la Billardric d'Angiviller..... Paris, imp. V° Hérissant, 1775. In-12 de 48 pag. et 302 numéros.

159. — Courtes mais véridiques reflexions sur l'exposition des Tableaux de l'année 1775. A Genève, 1775. In-12 de 20 pag.

160. — Observations sur les ouvrages exposés au Sallon

du Louvre ou Lettre de M. le comte de ***. (Paris), imp.
Didot, 1775. In-12 de 60 pag. (On lit à la fin de cette
brochure la note suivante : « On a attribué ces observations à M. Cochin. Il s'en est défendu ; cependant on est
resté dans cette croyance qui paroist n'être pas sans fon-
dement. »)

161. — Jugement de Bachaumont sur cet écrit : Observations.... 1 pag. Ms.

162. — Coup d'œil sur le Sallon de 1775 par un aveugle. Paris, Quillau et Ruault, 1775. In-12 de 26 pag.
(M. de Montaiglon attribue cette critique à Lesuire).

163. — La lanterne magique aux Champs-Elysées ou
entretien des grands peintres sur le Sallon de 1775. S. l.
ni d. In-12 de 40 pag.

164. — Entretiens sur l'exposition des Tableaux de
l'année 1775. In-12 de 48 pag.

165. — Exposition des peintures, sculptures et gravures de messieurs de l'Académie royale de peinture en
1775. *Mercure de France*. 31 pag. Ms.

166. — Inscriptions pour mettre au bas des portraits
des princes et princesses de la famille royale exposés au
Salon de 1775. 2 pag. Ms.

167. — Epitre à Monsieur Duplessis sur le portrait du
Roi exposé cette année au Salon du Louvre 1775 (par
M. Nodille de Rosni). 4 pag. Ms.

168. — Prix de l'Académie en 1776. 1 pag. Ms.

169. — Explication des peintures, sculptures et gravures de messieurs de l'Académie royale dont l'exposition a été ordonnée, suivant l'intention de Sa Majesté par
M. le Comte de la Billardrie d'Angiviller.. Paris, imp.
Vᵉ Herissant, 1777. In-12 de 59 pag. et 318 numéros.

170. — Etat actuel des arts en France et de celui à
qui leur administration est confiée. 18 pag. Ms.

171. — Réponse à cet écrit. 2 pag. Ms.

172. — Lettre d'un artiste de l'ancienne Académie de

Saint Luc (relative à une exposition libre dont l'auteur propose l'ouverture). 5 pag. Ms.

173. — Lettre d'un maître de la communauté des peintres en réponse à la précédente. 7 pag. Ms.

174. — Admission de M. Vincent à l'Académie royale de peinture et de sculpture. 31 mai 1777. 3 pag. Ms.

175. — Admission de M. Duvivier. 1 pag. Ms.

176. — Exposition à la place Dauphine. 1777. 2 pag. Ms.

177. — Exposition de Tableaux au Louvre, 1777 (annonce). 2 pag. Ms.

178. — Jugement d'une demoiselle de quatorze ans sur le Sallon de 1777. Paris, Quillau, 1777. In-12 de 26 pag. (Cette brochure est donnée par M. de Montaiglon à Lesuiré.)

179. — Observation sur cet écrit. 1 pag. Ms.

180. — Reflexions d'un petit dessinateur qui voit, peut-être, les choses en trop grand, à l'occasion des peintures et sculptures exposées dans le sallon du Louvre en 1777. 8 pag. Ms.

181. — Lettre aux auteurs du *Journal de Paris* (sur les critiques de l'année 1777), [signée : Le Comte de....] 8 pag. Ms.

182. — Distique sur la Diane, de M. Allegrain (par M. Guichard). 1 pag. Ms.

183. — Reponse à la lettre de M. le Comte de..... 4 pag. Ms.

184. — Lettre sur la partialité à l'occasion de la lettre de M. le Comte de..... 8 pag. Ms.

185. — Seconde lettre de M. le Comte D....... en réponse à celle qui est avant celle sur la partialité. 6 pag. Ms.

186. — Les Tableaux du Louvre où il n'y a pas le sens commun. Histoire véritable. Paris, Cailleau, 1777. In-8° de 32 pag.

187. — Vers sur le Salon de 1777 par monsieur Vilette. 3 pag. Ms.

188. — Jugement de Bachaumont sur cette pièce. 1 pag. Ms.

189. — La Prêtresse ou nouvelle manière de prédire ce qui est arrivé. A Rome et se trouve à Paris chez les marchands de nouveautés, 1777. In-8° de 30 pag.

190. — Lettres pittoresques (Huit) à l'occasion des Tableaux exposés au Sallon en 1777. Paris, P. F. Guef-fier. In-12 de 96 pag. (Les 3 premières lettres forment 48 pag. et les 5 dernières également 48 pag.)

191. — Exposition au Salon du Louvre des peintures, sculptures et autres ouvrages de messieurs de l'Académie royale en 1777. *Mercure de France*. 39 pag. Ms.

192. — Jugement du continuateur de Bachaumont sur cette exposition de 1777. 2 pag. Ms.

193. — Vers à Mademoiselle Vallayer, peintre du Roi. 1777. 2 pag. Ms.

TOME XI.

194. — Exposition à la place Dauphine 1779. 2 p. Ms.

195. — Distribution des prix par l'académie royale. 1778. 2 p. Ms.

196. — Explication des peintures, sculptures et gravures de Messieurs de l'Académie royale dont l'exposition a été ordonnée, suivant l'intention de Sa Majesté, par M. le Comte de la Billardrie d'Angiviller..... Paris, imp. Vᵉ Herissant, 1779. In-12 de 52 pag. et 293 numéros.

197. — Premier aperçu des Tableaux exposés au salon du Louvre le 25 Aout 1779. 6 pages. Ms.

198. — *Petites affiches de Paris*. 26 Aout 1779. (Relative-ment au concours pour le prix de Rome.) 2 pag. Ms.

199.— Les Connaisseurs ou la Matinée du Sallon des Tableaux. Paris, chez les marchands de nouveautés, 1779. In-12 de 19 pag.

200.— Jugement sur l'écrit intitulé « Les Connoisseurs ou la matinée du Sallon des Tableaux ». 2 pag. Ms.

201.— Examen du sallon de l année 1779. Extrait du *Journal de Paris.* In-12. 74 pag. qq. pages manuscrites.

202.— Coup de patte sur le sallon de 1779. Dialogue précédé et suivi de réflexions sur la peinture. A Athènes et se trouve à Paris chez Cailleau, 1779. In-8° de 44 pag.

203.— Exposition des Tableaux au salon du Louvre en 1779. Ces observations sont tirées des *Annonces et Avis divers des petites affiches de Paris,* par l'abbé Aubert. 14 pages. Ms.

204. — Fragment d'une lettre à un amateur de province, au sujet d'un tableau de M. Bounieu, agréé de l'Académie royale de peinture représentant *Bethsabée au bain vue par David.* 3 pag. Ms.

205.— Le Visionnaire ou lettres sur les ouvrages exposés au Sallon, par un ami des arts. A Amsterdam, 1779. 1ⁱᵉ lettre. In-12 de 40 pag.

206. — « — Lettre seconde. 40 pag. Ms.

207.— Encore un Rêve, suite de la Pretresse. A Rome et se trouve à Paris chez Valade, 1779. In-8° de 29 pag.

208.— Ah ! Ah ! Encore une critique du Sallon ! Voyons ce qu'elle chante. A la Grenade et se trouve à Paris chez les libraires qui vendent les nouveautés, 1779. In-8° de 31 pages.

209.— Le Mort Vivant au Sallon de 1779. A Amsterdam et se trouve à Paris chez Quillau, 1779. (par Lesuire, selon M. de Montaiglon.) In-8° de 24 pag.

210.— (Jugement sur cette critique qui serait du même auteur que le « Coup d'œil sur le salon de 1775 par un aveugle » et le « Jugement d'une demoiselle de 14 ans sur le salon de 1777 » et la « Lettre de M. Camille Trillo,

fausset de la Cathédrale d'Auch sur la musique dramatique »). 2 pag. Ms.

211.— Coup d'œil sur les ouvrages de peinture, sculpture et gravure de Messieurs de l'Académie royale exposés
au salon de cette année. (Extrait du *Journal de littérature*
de M. l'abbé Grosier.) A Genève, 1779. In-12 de 36 pag.

212.— Janot au Salon ou Le proverbe. Paris, Hardouin,
1779. In-8° de 32 pag. (par L. J. H. Lefebure, selon M. de
Montaiglon.)

213.— Jugement sur un écrit intitulé : Janot au sallon
ou le proverbe. 2 pag. Ms.

214.— Le lit de Justice du Dieu des Arts ou le pied de
nez des critiques du Sallon suivi de l'arret rendu contre
eux en la Cour du Parnasse. 1779. 39 pag. Ms.

215.— Jugement sur un écrit intitulé : Le lit de Justice
du Dieu des Arts ou le pied de nez des critiques du salon
suivi de l'arrêt rendu contre eux en la Cour du Parnasse.
3 pag. Ms.

216.— Le littérateur au Sallon ou l'examen du paresseux suivi de la critique des critiques. Au sallon et se
trouve à Paris chez Hardouin, 1779. In-8° de 47 pag.

217.— Jugement d'un écrit intitulé : Le littérateur au
Sallon ou l'examen du paresseux suivi de la critique des
critiques. 4 pag. Ms.

218.— Cloture de l'exposition des Tableaux. 1779. Commande de sculptures. 2 pag. ms.

219.— Le Miracle de nos jours : Conversation écrite et
recueillie par un sourd et muet et la bonne lunette, dans
lesquels on trouvera non seulement la critique des ouvrages exposés au Sallon, mais la critique de nos peintres
et sculpteurs les plus connus. S. l. ni d. (1779.) In-8° de
47 pag.

220. — Le Sallon, ouvrage du moment. 1779. A La
Haye et se trouve à Paris chez Belin. In-12 de 20 pag.

221. — Observation de Bachaumont sur *la Dame de charité*, tableau de M. Greuze. 6 pag. Ms.

222. — Lettres d'un voyageur à Paris à son ami Charles Lovers demeurant à Londres sur les nouvelles estampes de Mr Greuze intitulées *La Dame bienfaisante*, *la malédiction paternelle* et sur quelques autres estampes gravées d'après le même artiste publiées par M. N.... 1779. 42 pag. Ms.

223. — Lettre à M....voyageur à Paris, auteur des lettres à Sir Charles Lovers. 12 pag. Ms.

224. — Lettre à M.... éditeur des lettres de M... voyageur à Paris, auteur des lettres à sir Charles Lowers. 17 pag. Ms.

225. — Lettre d'un amateur à l'auteur du *Mercure de France* au sujet de l'estampe du *Gateau des Rois*. 13 pag. Ms.

226. — Lettre d'un maître d'école à un amateur d'estampes. 9 pag. Ms.

227. — Lettre en réponse à celle du maître d'école. Extrait des *Affiches de Provinces*. 4 Mars 1778. 6 pag. Ms.

228. — Observations particulières du continuateur de Bachaumont sur M. Bounieu. 3 pag. Ms.

229. — Le spectateur françois au sallon et projet d'encouragement patriotique pour les arts de l'Académie de peinture. Paris, de l'Imprimerie de Monsieur, 1779. In-8° de 14 pag.

230. — Lettre d'un Italien sur l'exposition de 1779. Extrait du *Mercure de France*. 34 pag. Ms.

231. — Observation sur le tableau de M. Robin. *(L'entrée du Roi à Paris*, tableau allégorique commandé par la ville de Paris, à l'occasion du Rétablissement du Parlement.) 2 pag. Ms.

232. — Description du Tombeau du Maréchal de Saxe (par Pigalle). Octobre 1756. 3 pag. Ms.

233. — Observations sur le projet du Mausolée du Maréchal de Saxe. 1756. 11 pag Ms.

234. — Réponse d'un élève de l'Académie royale de peinture et de sculpture à l'auteur de la petite brochure ayant pour titre : Observations sur le projet du Mausaulée de M. le Maréchal de Saxe. S. l. ni d. In-12. de 21 pag.

235.— Réplique à la réponse d'un élève de l'Académie aux observations sur le modèle du mausolée du maréchal Comte de Saxe, par M. Pigalle. 10 pag. Ms.

236.— Lettre à un ami sur le tombeau du maréchal de Saxe. 1756. 8 pag. Ms.

237.— Sentiment de Mr Bachaumont sur le tombeau du maréchal de Saxe vu pour la première fois chez Pigalle en juillet 1770. 4 pag. Ms.

238.— Observations sur le mausolée du maréchal de Saxe par Monsieur Delalande. 1772. 7 pag. Ms.

239.— Notte sur le tombeau du maréchal de Saxe tiré *du Temple de la Critique*, ouvrage qui a paru en 1772. 2 pag. Ms.

240.— Gravure du Tombeau du maréchal de Saxe (par Ch. Nic. Cochin et N. Dupuis). 1773. 2 pag. Ms.

241.— Mausolée de Maurice, Comte de Saxe, maréchal de France. Poême par M. Pelletier. Paris, P. de Lormel, 1776. In-12 de 26 et VI pag.

242.— Réflexions sur le mausolée du maréchal de Saxe. 1786. 10 pag. Ms.

TOME XII.

243. — Exposition à la Place Dauphine : 1780. 3 pag. Ms.

244. — Prix de l'Académie royale de Peinture et de sculpture. 1780. 2 pag. Ms.

245. — Prix décernés en 1781. 1 pag. Ms.

246. — Note de Bachaumont sur les prix 2 pag. Ms.

247.— Nomination de M. Ménageot à la place d'académicien. 1 pag. Ms.

248.— Exposition à la Place Dauphine. 1781. 6 pag. Ms.

249. — Lettre aux auteurs du *Journal de Paris* sur l'exposition des Tableaux au Louvre, 1781. 3 pag. Ms. (Extrait du *Journal de Paris*.)

250. — Ouverture du Salon. 4 pag. Ms.

251.— Explication des peintures, sculptures et gravures de messieurs de l'Académie royale dont l'exposition a été ordonnée, suivant l'intention de Sa Majesté par M. le Comte de la Billardrie d'Angiviller...... Paris, imp. Vᵉ Herissant, 1781. In-12 de 59 pag. et 310 numéros.

252.— Vers à M. Ménageot sur son tableau du n° 151 *(Léonard de Vinci mourant dans les bras de François 1ᵉʳ.)*. 1 pag. Ms.

253. — Inauguration du tableau du *siége de Beauvais* par M. Lebarbier l'ainé. 2 pag. Ms.

254.— Exposition des tableaux au salon du Louvre le 25 aout 1781. 2. pag. Ms.

255. — Extrait des *Affiches de Paris*. (Critique du salon de 1781.) S. l. ni d. In-12 de 9 pag.

256.— Vers à M. Lebarbier ainé sur son tableau du *siége de Beauvais* par M. de la Ferté, avocat au Parlement. 1 pag. Ms.

257. — La Muette qui parle au sallon de 1781. A Amsterdam et se trouve à Paris chez Quillau l'ainé, 1781. In-12 de 23 pag. (Par Lesuire, selon M. de Montaiglon.)

258. — La Peinturomanie ou Cassandre au sallon. Comédie Parade en Vaudevilles. A Rome et se trouve à Paris chez Le Jay, 1781. In-8° de 30 pag.

259. — Panard au sallon. 1781. A La Haye et se trouve à Paris chez Belin. In-8° de 30 pag.

260. — La Vérité critique des Tableaux exposés au sallon du Louvre en 1781. A Florence et se trouve à Paris

au Louvre et chez les libraires qui vendent les nouveautés, 1781. In-8° de 31 pag.

261. — Galimatias anti-critique des Tableaux du Salon ou la Cause des meilleurs peintres et sculpteurs plaidée par un avocat. A Neufchatel, 1781. In-8° de 39 pag.

262. — Le Pourquoi ou l'ami des Artistes. A Genève, 1781. In-8° de 35 pag.

263. — La patte de velours pour servir de suite à la seconde édition du Coup de patte, ouvrage concernant le sallon de peinture. Année 1781. A Londres et se trouve à Paris chez Cailleau. In-8° de 48 pag.

264. — Reflexions joyeuses d'un garçon de bonne humeur sur les tableaux exposés au sallon en 1781. A l'isle sonnante et se trouve à Paris chez la Veuve Vatel, 1781. In-8° de 31 pages.

265. — Réponse aux réflexions du Garçon joyeux et de bonne humeur sur les tableaux exposés au sallon en 1781. A l'isle chantante et se trouve à Paris chez les marchands de nouveautés, 1781. In-8° de 23 pag.

266. — Raffle de Sept ou Réponse aux Critiques du Sallon. 1781. A La Haye et se trouve à Paris chez Belin. In-8° de 23 pag.

267. — Pique-Nique convenable à ceux qui fréquentent le Sallon, préparé par un aveugle. 1781. In-8° de 28 pag.

268. — Examen d'une critique intitulée : Le pique-nique préparé par un aveugle. 27 pag. Ms.

269. — Exposition des ouvrages de peinture, sculpture et gravure au Sallon du Louvre, année 1781. 25 pag. Ms. (Extrait du *Journal de Paris*.)

270. — Observations sur les tableaux exposés au Louvre en 1781, tirées de l'*Année littéraire*. 27 pag. Ms.

271. — Lettre de M\ Villeneuve aux auteurs du *Journal de Paris* (à propos de la statue de Voltaire habillé à la Romaine, par Houdon). 5 pag. Ms.

272. — Réponse à la Lettre de Mr Villeneuve. 6 pag. Ms.

273. — Vers à Madame Lebrun. 2 pag. Ms.

274. — Observations sur onze critiques qui ont paru sur cette exposition (de 1781) par Bachaumont. 4 pag. Ms.

275. — Jugement sur nos peintres et sculpteurs. A Philadelphie, 1781. In-8° de 32 pag.

276. — Sur la peinture, Ouvrage succint qui peut éclairer les artistes sur la fin originelle de l'art et aider les citoyens dans l'idée qu'ils doivent se faire de son état actuel en France, avec une réplique à la Réfutation insérée dans le *Journal de Paris* n° 263. A la Haye et se trouve à Paris chez Hardouin, 1782. In-12 de 143 pag.

277. — Lettre d'Artiomphile à Madame Mérard de S. Just sur l'exposition au Louvre en 1781, des Tableaux, sculptures, gravures et desseins des artistes de l'Académie royale (par M. Mérard de St Just). 1782. In-12 de 40 pag.

TOME XIII

278.   (Prix décernés par l'Académie le 25 aout 1782.) 2 pag. Ms.

279. — Note de Bachaumont sur les prix. 1 pag. Ms.

280. — Exposition à la place Dauphine. 1782. 3 pag. Ms.

281. — Exposition dans la place Dauphine. 1783. 6 pag. Ms.

282. — Observation sur cette exposition de la place Dauphine en 1783. 1 pag. Ms.

283. — Prix de peinture en 1783. 1 pag. Ms.

284. — Explication des peintures, sculptures et gra-

vures de messieurs de l'Académie royale dont l'exposition a été ordonnée, suivant l'intention de Sa Majesté, par M. le comte de la Billardrie d'Angiviller... Paris, V° Herissant, 1783. In-12 de 60 pag. et 316 numéros.

285. — Le Sallon à l'encan. Rêve pittoresque, melé de Vaudevilles. S. l. ni d. In-12 de 36 pag.

286. — La Morte de trois mille ans au salon de 1783. A Amsterdam et se trouve à Paris chez Quillau, 1783. In-12 de 24 pag.

287. — La Critique est aisée, mais l'art est difficile. S. l. ni d. In-12 de 26 pag.

288. — Apelle au Sallon. Seconde édition revue, corrigée et augmentée. S. l. ni d. In-12 de 26 pag.

289. — Changez-moi cette tête ou Lustucru au Sallon. — Dialogue entre le duc de Marlborough, un marquis françois et Lustucru. Paris, Belin, 1783. In-12 de 42 pag.

290. — (Reflexions sur cette critique.) 2 pag. Ms.

291. — Loterie pittoresque pour le Salon de 1783. A Amsterdam, 1783. In-8° de 26 pag.

292. — Momus au Sallon. Comédie-critique en vers et en vaudevilles suivie de notes critiques. 1783. In-8° de 70 pag.

293. — (Reflexions sur cette critique.) 2 pag. Ms.

294. — Le Songe ou la Conversation à laquelle on ne s'attend pas. Scène critique. La Scène est au Sallon de 1783. A Rome. In-8° de 35 pag.

295. — Messieurs, Ami de tout le monde, 1783. (Critique du Salon de cette année.) In-8° de 32 pag.

296. — Sans Quartier au Sallon avec un précis de la vie de Sans-Souci, élève de M. Raphael, des Porcherons. Histoire très véritable. A Amsterdam, 1783. In-8° de 40 pag.

297. — Les peintres volants ou Dialogue entre un françois et un anglois sur les Tableaux exposés au Sallon du Louvre en 1783. In-8° de 29 pag.

298. — Le Véridique au Sallon. A Athènes et se trouve à Paris chez Cailleau et Petit, 1783. In-8° de 32 pag.

299. — Observations générales sur le Sallon de 1783 et sur l'état des arts en France par M. L**** P****. 1783. In-8° de 47 pag.

300. — Entretiens sur les Tableaux exposés au Sallon en 1783 ou Jugement de M. Quil, Lay, procureur au Chatelet et son épouse, madame Fi, delle, et mademoiselle Descharmes, nièce de maitre Lami, et de M. Dessence, apothicaire-ventilateur. 1783. In-8° de 59 pag.

301. — Marlborough au Sallon du Louvre ; première édition contenant discours préliminaire, chansons, anecdotes, querelles, avis, critiques, lettre à Mlle Julie, changement de têtes, etc., etc., etc., ouvrage enrichi de figures en taille douce. A Paris, aux dépens de l'Académie royale de peinture et de sculpture et se trouve au Louvre... 1783. In-8° de 32 pag. fig.

302. — Suite de Marlborough au Salon de 1783. Confession promise par le peintre allemand. 6 pag. Ms.

303. — L'Impartialité au Sallon dédiée à messieurs les critiques présens et à venir. A Boston et se trouve à Paris chez les marchands de nouveautés, 1783. In-8° de 39 pag.

304. — Jugement sur cet écrit. 2 pag. Ms.

305. — Le Triumvirat des Arts ou Dialogue entre un peintre, un musicien et un poete sur les tableaux exposés au Louvre. — Année 1783. — pour servir de continuation au « Coup de patte » et à la « Patte de velours ». Aux Antipodes. In-8° de 44 pag.

306. — Jugement sur cet écrit. 1 pag. Ms.

307. — Réponse à toutes les critiques sur les Tableaux du Sallon de 1783 par un frère de la Charité. A Rome. In-8° de 63 pag.

308. — Vers à Madame Le Brun, de l'Académie royale de peinture sur les principaux ouvrages dont elle a dé-

coré le Sallon de cette année, par M. de Miramond. Paris, Gueffier, 1783. In-8° de 7 pag.

309. — Observations ou réflexions sur l'exposition des peintures, sculptures, desseins et gravures de MM. de l'Académie royalle en 1783, tirées du *Mercure de France* N° 38. 17 pag. Ms.

310. — *Petites affiches de Paris.* (Note relative aux ouvrages destinés à concourir aux prix décernés par l'Académie.) 13 pag. Ms.

311. — Observations sur les ouvrages de peinture et de sculpture. 1783. Tirées de *l'Année littéraire.* 46 pag. Ms.

312. — Lettre aux auteurs du *Journal de Paris* (sur le Salon de 1783). 38 pag. Ms.

313. — Lettre de M. Peyron aux auteurs du *Journal* 3 pag. Ms. (Réclamation de Peyron à qui l'auteur de la lettre avait reproché d'avoir pillé Pajou dans son esquisse des *Filles d'Athènes.*)

314. — Réponse à cette lettre. 2 pag. Ms.

315. — Exposition à la place Dauphine. (*Mercure de France* N° 27.) 1784. 7 pag. Ms.

316. — Exposition des ouvrages de peinture, sculpture et gravure de MM. de l'Académie royalle tirée des *Affiches, Annonces et Avis divers* de 1783. 22 pag. Ms.

TOME XIV.

317. — Nomination d'Académiciens et Distribution de prix aux élèves de l'Académie. 1784. 2 pag. Ms.

318. — Note de Bachaumont sur la distribution des prix en 1784. 3 pag. Ms.

319. — Lettre aux auteurs du *Journal de Paris* au sujet de cette distribution. 6 pag. Ms.

320. — Exposition à la place Dauphine. 1784. 4 pag. Ms.

321. — (Exposition des prix de l'Académie) le 26 aout 1784. 2 pag. Ms.

322. — Académie de peinture. 1785. (Mutation parmi les académiciens.) 2 pag. Ms.

323. — Prix remportés par les élèves. 2 pag. Ms.

324. — Explication des peintures, sculptures et gravures de Messieurs de l'Académie royale dont l'exposition a été ordonnée, suivant l'intention de Sa Majesté par M. le Comte de la Billardrie d'Angiviller... Paris, Vᵉ Hérissant, 1785. In-12 de 60 pag. et 324 numéros (Dans ce livret se trouvent intercalés à propos du Tableau de Vien, *Retour de Priam*, un extrait du *Mercure* du 1ᵉʳ octobre 1785; à propos du Tableau de David, *Le serment des Horaces*, des vers sur le tableau représentant les *Horaces*, 1785, et la traduction d'un article publié sur le même tableau dans le *Diario di Roma*, en date du 20 aout 1785.) 6 pag. Ms.

325. — Discours sur l'origine, les progrès et l'état actuel de la peinture en France contenant des notices sur les principaux artistes de l'Académie pour servir d'introduction au Sallon. A Paris, chez les marchands de nouveautés, 1785. In-8° de 38 pag.

326. — Observations critiques sur les tableaux du Sallon de l'année 1785 pour servir de suite au discours sur la peinture. A Paris, chez les marchands de nouveautés, 1785. In-8° de 24 pag.

327. — Le peintre anglais au salon de peintures exposées au Louvre en l'année 1785. 1785. In-8° de 31 pag.

328. — Supplément du peintre anglais au Salon. S. l. ni d. In-8° de 7 pag.

329. — Le Frondeur ou Dialogues sur le Sallon par l'auteur du Coup-de-patte et du Triumvirat. 1785. In-8° de 67 pag.

330. — Figaro au Sallon de peinture. Pièce épisodi-critique en prose et en vaudevilles par l'auteur de Mo-mus au Sallon. A Rome, 1785. In-8° de 24 pag. fig. (Par J.-B. Pujoulx, d'après M. de Montaiglon.)

331. — Réflexions impartiales sur les progrès de l'art en France et sur les Tableaux exposés au Louvre, par ordre du Roi, en 1785. A Londres et se trouve à Paris à l'entrée du Sallon.... 1785. In-8° de 36 pag. (Par l'abbé Soulavie, d'après M. de Montaiglon.)

332. — Jugement sur l'écrit intitulé : Réflexions sur les progrès de l'art en France, extrait du Continuateur des *Mémoires secrets* de Bachaumont. 1 pag. Ms.

333. — Promenades de Critès au Sallon de l'année 1785. A Londres et se trouve à Paris chez les marchands de nouveautés, 1785. In-8° de 22 pag. (Par Gorsas, d'après M. de Montaiglon.)

334. — Deuxième Promenade de Critès au Sallon. A Londres et se trouve à Paris chez les marchands de nou-veautés, 1785. In-8° de 39 pag.

335. — Troisième Promenade de Critès au Sallon. A Londres et se trouve à Paris chez Hardouin et Gattey, 1785. In-8° de 60 pag.

336. — Mélanges de doutes et d'opinions sur les ta-bleaux exposés au Sallon du Louvre en 1785. A Amster-dam, 1785. In-8° de 30 pag.

337. — L'espion des peintres de l'Académie royale. Année 1785. In-12 de 55 pag.

338. — Impromptu sur le Sallon des Tableaux exposés au Louvre en 1785. Dialogue en vers. A Londres et se trouve à Paris chez Cailleau. In-8° de 15 pag.

339. — Observations sur le Sallon de 1785 extraits du *Journal général de la France*.... In-8° de 34 pag.

340. — L'Aristarque moderne au Sallon. A Paris, chez les marchands de nouveautés, 1785. In-8° de 24 pag.

341. — Jugement d'un musicien sur le Salon de pein-

ture de 1785. A Amsterdam et se trouve à Paris, chez Quillau, 1785. in-12 de 23 pag.

342. — Jugement sur cet écrit. 1 pag. Ms.

343. — Inscriptions pour mettre au bas de différens tableaux exposés au Sallon du Louvre en 1785. A Londres et se trouve à Paris chez Cailleau et Bailly, 1785. In-8° de 12 pag.

344. — Avis important d'une femme sur le Sallon de 1785 par madame E.A.R.T.L.A.D.C.S. Dédié aux femmes. 1785. In-8° de 39 pag.

345. — Minos au Sallon ou La Gazette infernale par M.L.B.D.B. A Gattières et se trouve à Paris chez Hardouin et Gattey, 1785. In-8° de 34 pag.

346. — Les Tableaux ou Réflexions tardives d'un bon homme qui arrive de la campagne sur le Sallon de 1785. A Paris, chez les Marchands de nouveautés, 1785. In-8° de 16 pag.

347. — Exposition de Tableaux à la Place Dauphine. *Mercure de France*. 8 pag. Ms.

348. — (Exposition des Tableaux au Salon du Louvre.) *Mercure de France*. 39 pag. Ms.

349. — (Exposition des Tableaux au Louvre.) *Année littéraire*. 33 pag. Ms.

350. — (Exposition des Tableaux au Louvre.) *Journal de Paris*. (Lettre signée : Villette.) 5 pag. Ms.

351. — (Exposition des Tableaux au Louvre.) *Journal de Paris*. 44 pag. Ms.

352. — Vers sur l'exposition des Tableaux au Louvre par M. de C... 4 pag. Ms.

353. — Sur le portrait de Madame de Grammont Caderousse peinte en vendangeusè par Madame Lebrun. (Vers) par M. le Chevalier D. p. D j. 1 pag. Ms.

354. — (Vers) sur la statue de Psyché, par M. Pajou. 1 pag. Ms.

355. — (Exposition des prix de l'Académie.) *Affiches de Paris*. 2 pag. Ms.

356. — (Exposition des Tableaux au Louvre.) *Affiches de Paris*. 13 pag. Ms.

357. — Mausolée de Mr Boullonois. (Par Poncet, sculpteur.) 3 pag. Ms.

358. — Lettre au rédacteur de l'*Année littéraire* au sujet d'un monument qui vient d'être érigé dans l'église des Carmes de la place Maubert. (Mausolée de M. Boullonnois.) 8 pag. Ms.

359. — Annonce du même tombeau par le *Continuateur* de Bachaumont. 5 pag. Ms.

360. — Lettre à MM. les rédacteurs du *Mercure de France* (sur les tableaux exposés à la place Dauphine). 10 pag. Ms.

361. — (Exposition de la place Dauphine.) *Journal de Paris*. 2 pag. Ms.

362. — Vers à Madame Guyard sur le Sallon de 1785. 2 pag. Ms.

363. — Exposition des Tableaux au Sallon du Louvre, 1785. *Journal général de France*. 43 pag. Ms.

364. — Jugement sur l'estampe du Coup d'œil exact de l'arrangement des peintures au Salon de 1785. 2 pag. Ms.

365. — Observations philosophiques sur l'usage d'exposer les ouvrages de peinture et de sculpture, à Madame la Baronne de Vasse, par M. Viel de Saint Maux. A La Haye et se trouve à Paris chez Bleuet, 1785. In-8° de 23 pag.

366. — Jugement sur cet ouvrage. 3 pag. Ms.

TOME XV.

367. — Explication des peintures, sculptures et gra-

vures de messieurs de l'Académie royale dont l'exposition a été ordonnée suivant l'intention de Sa Majesté par M. le Comte de la Billardrie d'Angiviller..... Paris, de l'Imprimerie des Batiments du Roi et de l'Académie Royale de peinture, 1787. In-12 de 59 pag. et 327 numéros.

368. — Exposition à la place Dauphine en 1786 (*Continuateur* de Bachaumont). 1 pag. Ms.

369. — Note du *Continuateur* de Bachaumont sur ce qu'il n'y a pas eu de prix en 1786. 2 pag. Ms.

370. — Note de l'abbé de Fontenay, auteur du *Journal de France* sur le même sujet. 3 pag. Ms.

371. — L'Ombre de Rubens au Sallon ou l'école des peintres. Dialogue critique par M. L. N. (Le Noir, d'après M. de Montaiglon.) A Athènes, 1787. In-8° de 43 pag.

372. — Promenades d'un observateur au Salon de l'année 1787. A Londres et se trouve à Paris chez les marchands de nouveautés, 1787. In-8° de 29 pag.

373. — Observations critiques sur les Tableaux du Sallon de l'année 1787. 2° suite du discours sur la peinture. A Paris, chez les marchands de nouveautés, 1787. In-8° de 32 pag.

374. — Les Grandes prophéties du Grand Nostradamus sur le grand Salon de peinture de l'an de grâce 1787 contenant des prédictions en vers et en prose sur les tableaux qui sont exposés au Salon et sur les critiques qui paroîtront cette année, le tout dicté par le prophète à Jean Lait-par-Mil, mis en ordre et en langage moderne par le même. A Salon, en Provence, 1787. In-8° de 44 pag. fig. (Par J.-B. Pujoulx, d'après M. de Montaiglon.)

375. — Lanlaire au Salon académique de peinture par M.L.B... de B... de plusieurs académies, auteur de la Gazette infernale. A Gattières et se trouve à Paris chez tous les marchands de nouveautés, 1787. In-8° de 35 pag.

376. — Tarare au Sallon de peinture. A Ferare et se

trouve à Paris chez les marchands de nouveautés, 1787.
In-8° de 20 pag.

377. — Tarare au Sallon de peinture. — Seconde
partie. — A Ferare et se trouve à Paris chez les marchands de nouveautés, 1787. In-8° de 20 pag.

378. — Encore un coup de patte pour le dernier ou
Dialogue sur le Salon de 1787. Première partie. 1787.
In-8° de 39 pag. (Par Lefèvre, d'après M. de Montaiglon.)

379. — L'Ami des artistes au Sallon, par M. L'A.R.
(Robin, d'après M. de Montaiglon). Paris, L'Esclapart,
1787. In-8° de 44 pag.

380. — Supplément. — L'Ami des artistes au Sallon
précédé de quelques observations sur l'état des arts en
Angleterre. S.l.ni d. In-8° de 18 pag.

381. — Lettre d'un Amateur de Paris à un amateur
de province sur le Sallon de peinture de l'année 1787. A
Paris, chez les libraires du Sallon et les marchands de
nouveautés, 1787. In-8° de 24 pag.

382. — La plume du Coq de Micille ou aventures de
Critès au Sallon pour servir de suite aux Promenades de
1785. — Première journée. — A Londres et se trouve à
Paris chez Hardouin et Gattey, 1787. In-8° de 46 pag. (Par
Gorsas, d'après M. de Montaiglon.)

383. — La plume du Coq de Micylle ou aventures de
Critès au Sallon pour servir de suite aux Promenades de
1785. — Seconde journée. — A Londres et se trouve à
Paris chez Hardouin et Gattey, 1787. In-8° de 39 pag.

384. — La Bourgeoise au Sallon. A Londres et se
trouve à Paris chez les marchands de nouveautés, 1787.
In-8° de 23 pag.

385. — Merlin au Salon en 1787. A Rome, 1787. In-8°
de 30 pag.

386. — Ah ! Ah ! ou Relation véritable, intéressante,
curieuse et remarquable de la conversation de Marie
Jeanne la Bouquetière et de Jérome le Passeux, au Sal-

lon du Louvre, en examinant les tableaux qui y sont exposés, recueillie et mise au jour par Mʳ A.B.C.D.E.F. G.H.I.K.L.M.N.O.P.Q.R.S.T.U.X.Y.Z. etc., opticien des Quinze vingts. Nulle part et se trouve partout, 1787. In-8° de 19 pag.

387. — Inscriptions pour mettre au bas de différens tableaux exposés au Sallon du Louvre en 1787. A Londres et se trouvent à Paris chez Royez, 1787. In-8° de 16 pag.

388. — Le Bouquet du Sallon (par M. Demoustier, avocat). S.l. ni d. In-8° de 8 pag.

389. — Le Cousin Jacques hors du Sallon, Folie sans conséquence à l'occasion des Tableaux exposés au Louvre en 1787. A Lunéville et se trouve à Paris chez Royez, 1787. In-18 de 55 pag. (Par Beffroy de Reigny, d'après M. de Montaiglon.)

390. — Critique des Quinze critiques du Salon ou notices faites pour donner une idée de ces brochures, suivie d'un résumé des opinions les plus impartiales sur les tableaux exposés au Louvre. A Rome et se trouve à Paris chez Gattelier, 1787. In-8° de 68 pag.

391. — Exposition de Tableaux à la place Dauphine. 1786. 2 pag. Ms.

392. — Exposition de Tableaux à la place Dauphine. *Journal de Paris*. 1787. 3 pag. Ms.

393. — Lettre à Messieurs les rédacteurs du *Mercure de France* sur l'exposition des Tableaux des élèves de la peinture à la place Dauphine. 1787. 10 pag. Ms.

394. — Observations du *Journal de Paris* sur l'exposition des Tableaux du Louvre en 1787. 55 pag. Ms.

395. — Observations contenues dans les *Petites affiches de Paris* (sur les prix de l'Académie et sur le Salon de peinture). 14 pag. Ms.

396. — Observations tirées du *Mercure de France* (sur le Salon de peinture). 40 pag. Ms.

397. — Observations contenues dans l'*Année littéraire* (sur le salon de Peinture). 46 pag. Ms.

398. — Lettre aux auteurs du *Journal de Paris* (relative à la gravure de Martini sur le salon de 1787). 6 pag. Ms.

399. — Decret de la Cour du Parnasse qui juge en dernier ressort toutes les critiques, toutes les observations, tous les pamphlets, toutes les brochures et toutes les Rapsodies qui ont paru en public, au sujet du Salon des Tableaux en 1787. S. l. ni d. In-4° de 8 pag.

400. — Examen des critiques qui ont été publiées sur l'exposition des Tableaux au Salon du Louvre en 1787 par M. C***. A Londres et se trouve à Paris chez Prault, 1787. In-12 de 24 pag.

401. — Lettre de M. Caffiéri aux auteurs du *Journal de Paris* (à propos de la statue de Moliére). 4 pag. Ms.

402. — Exposition des Tableaux au Salon du Louvre en 1787. *Journal général de France*. 59 pag. Ms.

403. — Lettre de M. Denon en réponse à une lettre à un étranger sur le Salon de 1787. 12 pag. Ms.

404. — Aventures de Critès au Salon. Seconde journée après midi. 38 pag. Ms.

TOME XVI.

405. — Académie de peinture. (Distribution des grands prix.) 2 pag. Ms.

406. — Exposition des Tableaux à la place Dauphine. 1788. 6 pag. Ms.

407. — Avertissement de Mr Lebrun, marchand de Tableaux (proposant de substituer à la place Dauphine la salle qu'il avait fait construire pour les expositions). 2 pag. Ms.

408. — Exposition des Tableaux, desseins, etc., des élèves et amateurs de la peinture depuis le jeudi 18 jusqu'au dimanche 21 juin 1789 (dans la salle construite par Lebrun, rue de Cléry). 10 pag. Ms.

409. — Explication des peintures, sculptures et gravures de Messieurs de l'Académie royale dont l'exposition a été ordonnée, suivant l'intention de Sa Majesté par M. le Comte de la Billardrie d'Angiviller.... Paris, de l'Imprimerie des Bâtimens du Roi et de l'Académie royale de peinture, 1789. In-12 de 64 pag. et 350 numéros.

410. — Observations critiques sur les Tableaux du Sallon de l'année 1789. — IIIe suite du discours sur la peinture. Paris, chez les marchands de nouveautés, 1789. In-8° de 32 pag.

411. — Pensées d'un prisonnier de la Bastille sur les tableaux exposés au Sallon du Louvre en 1789. S. l. ni d. In-8° de 15 pag.

412. — Entretien entre un amateur et un admirateur sur les tableaux exposés au Sallon du Louvre de l'année 1789. S. l. ni d. In-8° de 28 pag.

413. — Remarques sur les ouvrages exposés au Salon par le C.D.M.M. (le comte de Mende Maupas) de plusieurs Académies, etc. Paris, Knapen fils, 1789. In-8° de 14 pag.

414. — Supplément aux remarques sur les ouvrages exposés au Salon par le C. de M.M. de plusieurs Académies, etc. (Paris,) Knapen fils. In-8° de 4 pag.

415. — Vérités agréables ou le Salon vu en beau par l'auteur du Coup de patte. (Paris,) Knapen fils, 1789. In-8° de 23 pag.

416. — Les élèves au Salon ou l'Amphigouri. Paris, Lecomte, 1789. In-8° de 48 pag.

417 — Sur l'exposition des Tableaux au Sallon du Louvre (par Nau-Deville). 1789. In-8° de 11 pag.

418. — L'Observateur au Sallon de l'année 1789. — N° premier. — Au Louvre chez Le Comte et au Palais Royal, chez Denée, 1789. In-8° de 15 pag.

419. — Le frondeur au Salon de l'année 1789. N° II. Au Louvre chez Lecomte et au Palais-Royal chez Denée, 1789. 20 pag. Ms.

420. — Observations tirées des *petites affiches* de Paris (sur le Salon de 1789). 16 pag. Ms.

421. — Observations sur le Salon tirées du *Journal de Paris*. 38 pag. Ms.

422. — Observations sur les peintures et sculptures exposées au Salon du Louvre tirées de l'*Année littéraire* N° 35. 43 pag. Ms.

423. — Exposition des peintures, sculptures et gravures de MM. de l'Académie royale au Salon du Louvre. 1789. *Mercure de France*. 20 pag. Ms.

424. — Le Spectateur français au Salon de 1789 et projet d'encouragement patriotique pour les arts de l'Académie de peinture. 12 pag. Ms.

425. — Déclaration de l'Académie, etc., extrait des registres de l'Académie royale de peinture et de sculpture en son assemblée du 12 septembre 1789 sur un libelle intitulé : Vœu des Artistes [signé : Renou]. 2 pag. Ms.

426. — Exposition des Tableaux au Salon du Louvre. Lettre des graveurs de Paris à M^r l'abbé de Fontenai, auteur du *Journal général de France*. 9 septembre 1789. 32 pag. Ms.

TOME XVII.

427. — Avertissement nécessaire à lire (sur le Salon de 1791 comprenant les ouvrages de tous les artistes qu'ils soient ou non de l'Académie). 4 pag. Ms.

428. — Exposition des Tableaux faite par M.M. les Artistes libres le 30 juin 1791, jour de la petite fête-Dieu jusqu'au 15 juillet dans la Salle de M. Lebrun, capitaine du bataillon de Sᵗ Magloire, rue de Cléry. 6 pag. Ms.

429. — (Note sur l'exposition ouverte par Lebrun, rue de Cléry.) 3 pag. Ms.

430. — Prix de peinture et de sculpture décernés en 1790. 1 pag. Ms.

431. — Prix décernés en 1791. 1 pag. Ms.

432. — Explication des peintures, sculptures et gravures de messieurs de l'Académie royale dont l'exposition a été ordonnée par Sa Majesté. Paris, imprimerie des Batimens du Roi et de l'Académie royale de Peinture, 1791. In-12 de 60 pag. et 321 numéros.

433. — Lettre à l'auteur des *petites affiches.* Juin 1780 (Sur Sᵗ Satire, statue de Caffiéri.) 2 pag. Ms.

434. — Ouvrages de peinture, sculpture et architecture, gravures, dessins, modèles, etc, exposés au Louvre par ordre de l'assemblée nationale au mois de septembre 1791, l'an III de la liberté. Paris, de l'Imprimerie des batimens du Roi. In-12 de 72 pag. et 794 numéros.

435. — Serment au jeu de paume à Versailles (dessin de David). Lettre aux auteurs du *Journal de Paris.* 4 pag. Ms.

436. — Explication et critique impartiale de toutes les peintures, sculptures, gravures, dessins, etc., exposés au Louvre, d'après le décret de l'assemblée nationale, au mois de septembre 1791, l'an IIIᵉ de la liberté. Quatrième édition revue et corrigée, par M. D...., (Chéry, d'après M. de Montaiglon,) citoyen patriote et véridique. A Paris, se vend rue du Croissant, hotel du Croissant, 1791. in-8° de 70 pag.

437. — Le plaisir prolongé, le retour du Salon chez soi et celui de l'abeille dans sa ruche par Pithou. Paris, l'auteur et Fabre, 1791. In-8° de 48 pag. fig.

438. — La Béquille de Voltaire au Salon. Première promenade, contenant par ordre de numéros l'explication et la critique de tous les ouvrages de peinture, sculpture et architecture, gravures, dessins, modèles, etc., exposés au Louvre, en septembre 1791. Paris, sous le vestibule de la cour du Salon. au Palais-Royal, an IIIe de la liberté. In-8° de 60 pag.

439. — La Béquil'e de Voltaire au Salon. Seconde et dernière promenade contenant par ordre de numéros l'explication et la critique la plus complète de tous les ouvrages de peinture, sculpture, etc., et même de ceux sans numéro qui ne sont pas dans le catalogue du Salon, parcequ'ils ont été apportés depuis l'ouverture. Paris. Bignon, an IIJ de la liberté. In-8° de 44 pag.

440. — (Jugement sur cette critique.) 1 pag. Ms.

441. — Lettres Analitiques, critiques et philosophiques sur les tableaux du Sallon. Paris, l'an troisième de la liberté, 1791. In-8° de 82 pag.

442. — Sallon de peinture. 1791. In-8° de 24 pag.

443. — Nouvelle critique impartiale des Tableaux du Sallon par une société d'artistes. N° 1. Paris, Bignon, 1791. In-8° de 12 pag.

444. — Grande assemblée des barbouilleurs du Sallon ou la Révolution de la peinture. Dialogue en vers, traduit d'un manuscrit grec trouvé au Sallon. S. l. ni d. In-8° de 8 pag.

445. — Tableaux de Commande par les députés pour servir de suite à ceux du Salon par Linguet. Paris, Lallemand, s. d. In-8° de 23 pag.

446. — Lettre au rédacteur des *Petites affiches* de Paris (par Linguet qui nie être l'auteur de la brochure précédente.) 2 pag. Ms.

447. — Lettre de l'inconstant sur les Tableaux exposés au Salon. 4 pag. Ms.

448. — Réponse d'un peintre Bordelois à la lettre de

l'inconstant sur les Tableaux exposés au Louvre (par Delacour). 5 pag. Ms.

449. — Petites affiches de Paris. Exposition au Louvre des ouvrages de peinture, sculpture et gravure. 1791. 44 pag. Ms.

450. — Observations tirées du *Journal général de France* par M. l'abbé de Fontenay. 21 décembre 1791 (sur le Salon de 1791). 27 pag. Ms.

451. — Réclamation aux auteurs du *Journal de Paris*. 6 octobre 1791 (à propos des œuvres de Boze et de Mme Guyard). 3 pag. Ms.

452. — De l'exposition de 1791 en général et particulièrement de celle des Tableaux déjà connus par les précédentes expositions. *Chronique de Paris*. 26 pag. Ms.

453. — Observations sur le tableau du N° 155. (Lemonnier. *La Peste de Milan*.) 6 pag. Ms.

454. — Arriéré des batimens du Roi. Son origine et ses causes. 1791. 4 pag. Ms.

TOME XVIII.

455. — Avis de l'Assemblée générale des Artistes au sujet pe l'Ouverture du Salon du Louvre. 18 juillet 1793. 2 pag. Ms.

456. — Au nom de la République. (Arrêté relatif à la nomination de Commissaires chargés de faire disparaître des monuments publics, les insignes de la Royauté, d'organiser l'exposition des artistes vivants et de concourir à l'encouragement des Arts.) 3 pag. Ms.

457. — Description des ouvrages de peinture, sculpture, architecture et gravure exposés au Sallon du Louvre par les artistes composans la commune générale des Arts, le 10 aout 1793 l'an IIe de la République fran-

çaise, une et indivisible. Paris, vᵉ Hérissant. In-12 de 96 et 22 pag.

458. — Explication par ordre des numéros et Jugement motivé des ouvrages de peinture, sculpture, architecture et gravure exposés au Palais national des Arts, précédé d'une introduction. Paris, H. J. Jansen, s. d. In-12 de 49 pag. (Le sieur Desfonds qu'on a dit être l'auteur de cette critique n'en est pas convenu ; il m'a assuré qu'elle n'avait pas été continuée par des raisons particulières.) [Note de Deloynes.]

459. — Exposition au Salon du Palais national des ouvrages de peinture, sculpture et gravure. *Petites Affiches de Paris.* 36 pag. Ms.

460. — Epitre à M. Vien. 1793. Par le Citoyen François, peintre. 2 pag. Ms.

461. — Plafond de la Salle de Spectacle de Bordeaux peint par Mʳ Robin et gravé par Mʳ Lemire, estampe dédiée à Mᵍʳ le Maréchal, duc de Mouchy, commandant la Guyenne. 4 pag. Ms.

462. — Plafond de la Salle de Spectacle de la rue de Richelieu de Mᵉˡˡᵉ Montansier, peint par Mʳ Robin. 4 pag. Ms.

463. — Critique de ce plafond. 4 pag. Ms.

464. — L'Evénement du 10 aout 1792 qui fera époque dans notre histoire est aussi remarquable par la démolition des statues de nos rois qui en a été la suite. Ces monumens élevés à la gloire de ces princes pour célébrer les principalles actions de leurs vies étaient connus de tout le monde, mais, comme les inscriptions ne l'étaient pas, j'ai cru devoir en faire ici une description abrégée qui put servir de renseignement. 59 pag. Ms.

465. Avis de la Commission d'instruction publique aux artistes, 7 thermidor, an III. 25 juillet 1795. (Relatif à l'exposition annuelle.) 2 pag. Ms.

466. — Second avis de la Commission de l'Instruction

publique aux artistes. 7 fructidor, an III. 24 aout 1795.
1 pag. Ms.

467. — Avertissement nécessaire à lire (sur l'exposition de 1795). 3 pag. Ms.

468. — Explication des ouvrages de peinture, sculpture, architecture, gravure, dessins, modèles, et exposés dans le grand Sallon du Muséum au Louvre par les artistes de la France sur l'invitation de la Commission exécutive de l'Instruction publique, au mois vendémiaire, an quatrième de la République française. Paris, Vᵉ Hérissant. In-12 de 96 pag. et 535, 89, 63 et 48 numéros.

469. — Exposition publique des ouvrages des artistes vivans dans le Salon du Louvre, au mois de septembre, année 1795, vieux stile, ou vendemiaire de l'an quatrième de la République, par Mʳ Rob..... 113 pag. Ms.

470. — Réflexions sur l'exposition des Tableaux, sculptures, etc., de l'an 4ᵉ 1795, adressées à un ami dans le département du.... tirées du *Mercure de France*. 30 pag. Ms.

471. — Première lettre de Polyscope sur les ouvrages de peinture, sculpture, etc., exposés dans le grand Salon du Museum. 1795. 13 pag. Ms.

472. — Seconde lettre. 11 pag. Ms.

473. — Troisième lettre. 14 pag. Ms.

474. — Quatrième lettre. 14 pag. Ms.

475. — Cinquième et dernière lettre. 11 pag. Ms.

476. — Critique sur les Tableaux exposés au Salon, l'an quatrième. S. l. brumaire, an IV. In-8° de 7 pag.

477. — Notte sur cette exposition tirée du *Journal des Français*. 19 vendemiaire, an IV. 11 octobre 1795. 2 pag. Ms.

478. — Observations sur le tableau du citoyen Regnaud (*la Liberté ou la mort*). 6 pag. Ms.

479. — Offrande de cet ouvrage de Regnaud à la Convention, 15 pluviose, an III, 3 février 1795. 1 pag. Ms.

480. — Annonce sur une devise patriotique du fameux refrain : Ça Ira, *Journal de Paris*, 14 brumaire, l'an 3°, 4 novembre 1794. (Relative à un dessin fait sur une tabatière.) 3 pag. Ms.

481. — Annonce du modèle de la figure colossale de la Renommée (destiné à être placé au sommet du Panthéon). 1 pag. Ms.

482. — Notice des Tableaux des trois écoles choisis dans la Collection du Museum des Arts, rassemblés au Sallon d'exposition, pendant les travaux de la Gallerie, au mois de prairial, an 4. Paris, imprimerie des Sciences et des Arts, an 4 de la République. In-12 de 47 pag. et 161 numéros.

483. — Observations sur la première exposition des Tableaux en 1796. 4 pag. Ms.

484. — Musée Central des Arts. (Annonce du Salon de 1796.) 3 pag. Ms.

485. — Explication des ouvrages de peinture, sculpture, architecture, gravure, dessins, modèles, etc. exposés dans le grand salon du Musée Central des Arts sur l'invitation du Ministre de l'Intérieur. Au mois de Vendémiaire, an cinquième de la République Française. Paris, de l'Imprimerie des Sciences et des Arts, an V. In-12 de 120 pag. et 871 numéros.

486. — Coup d'œil sur le Sallon du Louvre de l'an 5ᵐᵉ de la République. S l. ni d. In-8° de 12 pag.

487. — Les Rapsodistes au Salon, ou les Tableaux en Vaudevilles. par Villiers et Capelle. N° 1°. S. l. ni d. In-8° de 8 pag.

488. — Critique du Salon ou les Tableaux en Vaudevilles. N° 2. S. l. ni d. In-8° de 8 pag.

489. — Critique du Salon ou les tableaux en Vaudevilles. N° 3. S. l. ni d. In-8° de 8 pag.

490. — Les étrivières de Juvénal ou Satire sur les ta-

bleaux exposés au Louvre l'an V. A Paris, chez les Marchands de Nouveautés, 1796. In-8° de 27 pag.

491. — Observations sur l'exposition des Tableaux au Salon du Louvre. 1796. *Mercure de France*. 29 pag. Ms.

492. — Exposition des Tableaux au Salon de 1796. *Journal de Paris*. 18 pag. Ms.

493. Observations de Polyscope sur le Salon de peinture et de sculpture de 1796 tirées de *la Décadaire*. 75 pag. Ms.

494. — Lettre à un rédacteur de ce journal. 2 pag. Mss. (C'est Monsieur Duval un des rédacteurs de ce journal qui a écrit sous le nom de Polyscope) [Note de Deloynes].

495. — Observations tirées du *Journal général de France*. sur l'exposition des Tableaux de 1796 par M^r Ro...... 51 pag. Ms.

496. — Jugement tiré du journal intitulé *Le Véridique ou Courrier universel* sur l'exposition des Tableaux au Salon du Louvre en 1796. 2 pag. Ms.

497. — Ecole Nationale de peinture et sculpture au Muséum. — Jugement des Concours de la Tête d'expression et de la demi-figure peinte, le premier de la fondation de Caylus, amateur, et le second de celle de Latour, peintre, par les Artistes enseignans à la dite école, réunis à d'autres artistes en nombre égal au leur, et d'un mérite reconnu, tant statuaires que peintres d'histoire, et distribution des prix attachés à ces concours, faite le même jour, au nom du Ministre de l'Intérieur, par le citoyen Ginguené, directeur général de l'Instruction publique le 4 fructidor an 4 de la République française. (21 août 1796.) Paris, imp. de la République. In-4° de 8 pag.

498. — Réponse de Martinet, naturaliste, aux critiques des Tableaux exposés au Muséum. S. l. ni d. In-8° de 7 pag.

499. — Avis concernant la clôture de cette exposition et Annonce d'une autre exposition de dessins. 2 pag. Ms.

TOME XIX.

500. — Musée central des Arts. 1797. (Annonce de l'ouverture dans la Galerie d'Apollon au Louvre de l'exposition des dessins.) 2 pag. Ms.

501. — Notice des dessins originaux, cartons, gouaches, pastels, émaux et miniatures du Musée central des Arts exposés pour la première fois dans la galerie d'Apollon le 28 Thermidor de l'an V de la République française. — Première partie. — A Paris, de l'Imprimerie des Sciences et Arts, An V de la république. In-18 de 107 p. et 427 numéros.

502. — Ouverture de la Galerie d'Apollon. 1797. 8 pag. Ms.

503. — Annonce de cette exposition. *Journal de la décade.* 6 pag. Ms.

504. — Exposition de dessins de différentes écoles. 23 aout 1797. 5 pag. Ms.

505. — Observation de le Mercier sur cette exposition de dessins. 9 pag. Ms.

506. — Réponse à cette observation de Le Mercier. Signée : Un disciple de Lavater. 3 pag. Ms.

507. — Réplique de Le Mercier. 7 pag. Ms.

508. — Réponse du disciple de Lavater. 9 pag. Ms.

509. — Miniatures de Petitot. Galerie d'Apollon au Musée. 1797. 7 pag. Ms.

510. — Exposition des sculptures aux Tuileries. 1797. [Signé : Barbant-Royer.] 7 pag. Ms.

511. — Description du Groupe de Laocoon et de l'Apollon du Belvedère. 1797. [Signé : David, graveur.] 12 pag. Ms.

512. — Seconde description de l'Apollon du Belvedère. 17 pag. Ms.

513. — Seconde description du Laocoon. 16 pag. Ms.

514. — Réflexions sur cette statue (l'Apollon du Belvédère) par Winkelmann. 3 pag. Ms.

515. — Lettre sur le retard de l'exposition des Tableaux du Muséum. *Journal de Paris*. 16 mai 1797. 4 pag. Ms.

516. — Exposition projettée des objets venus d'Italie. 6 pag. Ms.

517. — Annonce de cette exposition commencée le 18 pluviose an VI. 6 février 1798. 4 pag. Ms.

518. — Notice des principaux tableaux recueillis dans la Lombardie par les Commissaires du Gouvernement français dont l'exposition provisoire aura lieu dans le grand salon du Muséum, les Octidis, Nonidis et Décadis de chaque Décade, à compter du 18 pluviose jusqu'au 30 prairial, an VI, dédiée à l'Armée d'Italie.... De l'Imprimerie des Sciences et Arts. In-8° de 118 pag. et 142 numéros.

519. — Exposition des Tableaux d'Italie au Salon du Louvre. 18 pluviose an VI. 6 février 1798. *Mercure de France*. 5 pag. Ms.

520. — Autre annonce de cette exposition. 4 pag. Ms.

521. — Examen historique et critique des Tableaux exposés provisoirement venant des premier et second envois de Milan, Cremone, Parme, Plaisance, Modène, Cento et Bologne, auquel on a joint le détail de tous les Monumens des Arts qui sont arrivés d'Italie, par J. B. P. Lebrun, peintre, commissaire expert du Musée central des Arts. Paris, Desenne, an VI. In-8° de 82 pag.

522. — Quelques observations sur les tableaux recueillis en Lombardie et actuellement exposés dans le grand salon du Musée central des Arts, par M. Duval. 30 p. Ms.

523. — Annonce de l'exposition des tableaux des peintres vivans. 19 juillet 1798. 7 pag. Ms.

524. — Musée central des Arts. — Second avis. 3 pag. Ms.

525. — Explication des ouvrages de peinture et dessins, sculpture, architecture et gravure exposés au Muséum central des Arts, d'après l'arrêté du Ministre de l'Intérieur le 1ᵉʳ Thermidor, an VI de la République Française. A Paris, de l'Imprimerie des Sciences et Arts, an VI de la République. In-12 de 100 pag. et 901 numéros.

526. — Appel au public sur la formation d'un jury pour juger les ouvrages des Artistes par un peintre dont les tableaux n'ont point été rejettés. Paris, imp. Sophie de Mailly, an VI. In-8° de 14 pag.

527. — Exposition du Salon de l'An VI ou les Tableaux en Vaudevilles. — I. — (Paris,) imp. Pilardeau. In-8° de 8 pag.

528. — Exposition du Salon de l'an VI ou les Tableaux en Vaudevilles. — IIᵉ numéro. — (Paris,) imp. Pilardeau. In-8° de 8 pag.

529. — La Vérité en riant ou les Tableaux traités comme ils le méritent en Vaudevilles. Nᵒˢ 1, 2 et 3. (Paris,) Marchand. In-8° de 24 pag.

530. — La Vérité sérieusement ou la Censure de la critique des Tableaux ou mieux encore les critiques traités comme ils le méritent. Par Ch. ami des Arts. (Paris,) Maret. In-8° de 4 pag.

531. — Itinéraire critique du Salon de l'an VI, dédié aux artistes par un amateur. Paris, à la Librairie, rue de la loi, an VI. [Signé : F.J.A. Doix.] In-8° de 32 pag.

532. — Sur l'exposition des Tableaux au Salon du Louvre. 1798. *Journal de Paris.* 6 pag. Ms.

533. — Encore quelques mots sur la Psyché de Gérard. [Signé : C.T.B.H.] 4 pag. Ms.

534. — Reflexions du citoyen Lebrun sur la Notice des Tableaux, statues dessins et estampes exposées au Salon du Musée. 7 pag. Ms.

535. — Observations du Citoyen Landon sur les réflexions du citoyen Lebrun. 6 pag. Ms.

536. — Fête du premier Vendemiaire an VII. 4 pag. Ms.

537. — Observations sur les tableaux de cette exposition. 4 pag. Ms.

TOME XX.

538. — Exposition des peintres vivans commencée le 19 juillet 1798. *Mercure de France*. 69 pag. Ms.

539. — Exposition des ouvrages de peintures, sculptures, architectures, gravures, tirée de *le Décadaire*, par M. Chaussart. 1798. 111 pag. Ms.

540. — Beaux-Arts. — Exposition des ouvrages de peinture, sculpture, architecture, gravure, dans les salles du Muséum, premier Thermidor an VI. [Signé : P. Ch.] — Suite et fin. 8 pag. Défait.

541. — Exposition de peintures, sculptures, architecture, gravures et dessins. *Journal d'indications*. 1798. 53 pag. Ms.

542. — Le Déménagement du Sallon ou le portrait de Gilles, Comédie-parade en un acte et en Vaudevilles par les CC. Léger, Chazet, Em. Dupaty et Desfougerais, représentée pour la première fois, sur le Théâtre du Vaudeville, le 25 Vendemiaire an 7. Paris, chez le libraire au Théâtre du Vaudeville, an VII. In-8º de 47 pag.

543. — Le Jugement qu'on doit porter de cette pièce, tiré du *Journal encyclopédique* ou *Journal des sciences des lettres et des arts*, par Au. L. Millin. 5 pag. Ms.

544. — Proclamation des Ouvrages des Artistes qui ont exposé au Salon du Louvre 1e Vendemiaire an VII. 22 septembre 1798. 5 pag. Ms.

545. — Cloture du Salon du Louvre. 2 pag. Ms.

546. — Objets venus d'Italie. 6 Thermidor an VI. 24 juillet 1798. 4 pag. Ms.

547. — Entrée triomphante des Sciences et des Arts. 9 Thermidor an VI. 27 juillet 1798. 5 pag. Ms.

548. — Discours de M. Renou à la distribution des prix des Concours de la tête d'expression et de la demi-figure peinte ; le premier de la fondation de Caylus, amateur et le second de celle de Latour, peintre. 12 frimaire an VII. 2 décembre 1798. 7 pag. Ms.

549. — Ministère de l'Intérieur. — Administration du Musée central des Arts. (Annonce de l'exposition des Tableaux arrivés d'Italie qui seront exposés les 18, 19 et 20 brumaire an VII.) 3 pag. Ms.

550. — Notice des principaux tableaux recueillis en Italie par les Commissaires du Gouvernement français, seconde partie, comprenant ceux de l'état de Venise et de Rome, dont l'exposition provisoire aura lieu dans le grand salon du Muséum, les Octidi, Nonidi et Décadi de chaque Décade, à compter du 18 Brumaire An VII. De l'Imprimerie des Sciences et Arts. In-12 de 91 pag. et 94 numéros.

551. — (Annonce de l'arrivée à Paris de *La femme hydropique*, de Gérard Dow.) 3 pag. Ms.

552. — Annonce de l'exposition des envois d'Italie. 3 pag. Ms.

553. — Observations sur cette exposition du Citoyen Landon, peintre. 34 pag. Ms.

554. — Carton de l'école d'Athènes, par Raphael, (note de Taillasson). 1799. 4 pag. Ms.

555. — Ministère de l'Intérieur. Administration du Musée central des Arts. Ouverture de la grande galerie de peinture. 3 pag. Ms.

556. — Seconde Annonce de cette exposition. 3 pag. Ms.

557. — Notice des Tableaux des écoles française et flamande exposés dans la grande gallerie du Musée central des Arts dont l'ouverture a eu lieu le 18 germinal an VII.

Paris, de l'Imprimerie des Sciences et Arts, an VII de la République. In-12 de 111 pag. et 644 numéros.

558. — Annonce de cette exposition ou Reflexions particulières de Mercier sur le Musée central des Arts. 1799. 5 pag. Ms.

TOME XXI.

559. — Ministère de l'Intérieur. Musée central des Arts. (Annonce du Salon pour fructidor an VII.) 7 pag. Ms.

560. — Explication des ouvrages de peinture et dessins, sculpture, architecture et gravure des artistes vivans, exposés au Museum central des Arts, d'après l'arrêté du Ministre de l'intérieur, le 1er fructidor, an VII de la République française. Paris, de l'Imprimerie des sciences et des Arts, an VII. In-12 de 95 pag. et 730 numéros.

561. — Arlequin au Muséum ou les tableaux en vaudevilles. (Paris,) imp. Clairvoyant, s. d. In-8° de 40 pag.

562. — La revue du Muséum. (Paris,) Mongy, s. d. In-8° de 32 pag.

563. — Second examen au sujet des critiques imprimées sur cette exposition. *Journal des Arts.* 17 pag. Ms.

564. — Aux Artistes. — Sur le *Marcus-Sextus* de Guérin et le *Bélisaire* de Gérard. [Signé : Evryz.] (Paris,) imprimerie du Clairvoyant, s. d. In-8° de 7. pag.

565. — Beaux-Arts. Musée central des Arts. Défait du *Mercure de France.* 9 pag. In-8°.

566. — Coup d'œil sur le Salon. *Mercure de France.* 1799. 3 pag. Ms.

567. — Examen de cette exposition, tiré du *Journal des Arts.* 1799. [Ce journal a paru pour la première fois le 5 thermidor an VII, 23 juillet 1799.] 80 pag. Ms.

568. — Lettre au sujet de quelques critiques contenues dans cet examen. 8 pag. Ms.

569. — Troisième examen sur cette exposition, concernant la coëffure. *Journal des Arts.* 14 pag. Ms.

570. — Observations sur le tableau de *Dédale et Icare*, nº 176 par le C. Landon faites par L. J. 2 pag. Ms.

571. — Réponse de Landon à ces observations. 3 pag. Ms.

572. — Lettre du C. Landon, peintre au sujet du tableau de *Marcus Sextus*, par le C. Guérin. 4 pag. Ms.

573. — Seconde lettre du C. Landon. 3 pag. Ms.

574. — Troisième lettre du C. Landon sur le même sujet. 4 pag. Ms.

575. — Observations sur le tableau de *Marcus-Sextus*, *Bulletin de l'Europe.* 1799. 5 pag. Ms.

576. — Réflexions sur le tableau de *Marcus-Sextus*, par Guérin. 8 pag. Ms.

577. — Observations sur le titre donné à ce tableau. 2 pag. Ms.

578. — Lettre du C. Demoncy au sujet d'un repas donné au C. Guérin par ses amis. 4 pag. Ms.

579. — Exposition de tableaux au salon du Louvre. *Journal d'indications.* 1799. 19 pag. Ms.

580. — Exposition des ouvrages de peinture, sculpture, architecture, gravures, dessins, modèles composés par les artistes vivans et exposés dans le Salon du Musée central des Arts, insérée dans le *Journal de la Décade*, par le C. Chaussard. 1799. 122 pag. Ms.

581. — Exposition du Salon de peinture par François, peintre. *Journal du mois.* [Ce journal a paru pour la première fois le 10 germinal, an VII. 9 avril 1799.] 26 pag. Ms.

582. — Exposition des peintures, sculptures, dessins, architecture et gravures exposés au Salon du Louvre. 1799. *Journal de Paris.* 59 pag. Ms.

583. — Réflexions sur cette exposition. 5 pag. Ms.

584. — Précis historique de ce qui s'est passé au sujet du portrait de la C. Lange, femme Simons, (par Girodet) tiré du *Journal des Arts*. Marant. 1799. 11 pag. Ms.

585. — Second précis historique au sujet du Portrait de Madame Simons. 4 pag. Ms.

586. — Troisième précis sur le même sujet. *Journal de la Décade*. 2 pag. Ms

587. — Proclamation des ouvrages faits par les artistes qui ont exposé au Salon du Louvre, premier vendemiaire an VIII. 22 septembre 1799. 3 pag. Ms.

588. — Clôture de cette exposition. Musée central des Arts. 2 pag. Ms.

589. — Notice des tapisseries d'après les grands maîtres des écoles italienne et française, exécutées à l'ancienne manufacture de Bruxelles et à celle des Gobelins de Paris. Ces tapisseries sont exposées dans la Cour du Palais-National des Sciences et Arts, conformément à l'article Ier du programme de la fête anniversaire de la Fondation de la République. De l'Imprimerie des Sciences et Arts, (1799). In-12 de 12 pag.

590. — Les Images parlantes ou Dialogue des tapisseries exposées dans la Cour du Palais-National des Sciences et des Arts, pendant les six jours complémentaires de l'an VII. S. l. ni d. In-12 de 12 pag.

591. — Le tableau des *Sabines* exposé publiquement au Palais national des Sciences et des Arts, Salle de la ci-devant Académie d'architecture par le Cen David, membre de l'Institut national. Paris, imp. Didot, an VIII. In-8º de 16 pag.

592. — Observations sur ce tableau. *Journal de Paris*. 5 pag. Ms.

593. — Réflexions sur ce tableau, par Landon. 15 pag. Ms.

594. — Vers de Ducis sur ce tableau. 2 pag. Ms.

595. — Dialogue entre un élève peintre et un amateur sur ce tableau. 8 pag. Ms.

596. — Le Tableau des *Sabines*, vaudeville en un acte par les CC. Jouy, Lonchamp et Dieu-la-Foy, représenté pour la première fois, au théâtre de l'Opéra-Comique national, le 9 germinal, an VIII. Paris, André, an VIII. In-8 de 48 pag.

597. — Sur le tableau des *Sabines*, par David. P. Chaussard. Paris, Ch. Pougens, an VIII, 1800. In-8° de 46 pag. (Aux artistes, religieux adorateurs du Génie de l'antiquité, hommage d'estime et de fraternelle amitié.)

598. — Tableau des *Sabines*, par David, *Journal des Débats*. 12 pag. Ms.

599. — Critique du tableau de David, par Dupont. Défait. 8 pag. In-12.

600. — Examen du tableau des *Sabines*. *Journal de la Décade* [Signé : A. D.] 11 pag. Ms.

601. — Tableau des *Sabines*, par David, 1800. *Journal du Mois*. 3 pag. Ms.

602. — Réponse faite à cet écrit [Signée : François, peintre]. 5 pag. Ms.

603. — Exposition de trois tableaux dans une des Salles du Palais national des Sciences et des Arts, pavillon du midi, sous le vestibule qui conduit au quai, par le Cᵉⁿ Regnault, membre de l'Institut national. Paris, imp. Delance, an VIII. In-8° de 11 pag.

604. — Réflexions sur les tableaux de Regnault exposés dans une des Salles du Palais national des Sciences et des Arts, le 30 pluviose, an VIII, 19 février 1800, par Landon. 9 pag. Ms.

605. — Bas-reliefs du tombeau élevé par l'armée de Sambre et Meuse au général Hoche, exposés publiquement au Palais national des Sciences et des Arts, prè l'Arcade de la Colonnade nᵒ 15, par le Cᵉⁿ Boizot, professeur aux écoles nationales de peinture et de sculpture.

Paris, imp. des Sciences et Arts, an VIII. In-8° de 6 pag.

606. — Observations sur les trois expositions publiques faites par David et Regnault, peintres et Boizot, sculpteur, pour une rétribution. 5 pag. Ms.

607. — Panorama. Juillet 1799. Paris vu du sommet du Pavillon de l'Unité aux Tuilleries, par Fulton. 4 pag. Ms.

TOME XXII.

608. — Avis. Musée central des Arts. (Relatif à l'exposition des tableaux récemment arrivés de Turin et de Florence.) 2 pag. Ms.

609. — Notice des principaux tableaux recueillis en Italie par les Commissaires du gouvernement français ; troisième partie comprenant ceux de Florence et de Turin dont l'exposition provisoire aura lieu dans le grand Salon du Muséum les Octidi, Nonidi et Décadi de chaque Décade, à compter du 28 Ventose an VIII. De l'imprimerie des Sciences et Arts. In-12 de 80 pag. et 147 numéros.

610. — Le petit Arlequin au Muséum ou les tableaux d'Italie en vaudevilles. 8 pag. Ms et 32 pag. In-12.

611. — Anecdote sur deux tableaux d'André del Sarto. 5 pag. Ms.

612. — Lettre sur le tableau du numéro 14 (*La déposition de Croix*, tableau attribué à André Sguazzella, élève d'André del Sarte,) de cette exposition, par C. A. Walkenaer. *Journal de Paris*. 3 pag. Ms.

613. — Réponse de Beaudouin fils à cette lettre. 5 pag. Ms.

614. — Lettre de G. V., graveur, sur le même sujet. 2 pag. Ms.

615. — Réponse à cette lettre. 2 pag. Ms.

616 — Examen de quelques tableaux exposés dans le grand Salon. 19 pag. Ms.

617. — Musée central des Arts. L'Administration du Musée aux artistes. (Annonce de l'ouverture du Salon pour le 2 septembre 1800.) 6 pag. Ms.

618. — Annonce de cette exposition. *Journal de la Décade.* 2 pag. Ms.

619. — Sur l'Ouverture annuelle du Salon de peinture. [Signé : Landon.] 11 pag. Ms.

620. — Musée central des Arts. Arrêté du Ministre de l'Intérieur, 15 thermidor an VIII. Commission d'un Jury pour l'examen des ouvrages. 4 pag. Ms.

621. — Explication des ouvrages de peinture et dessins, sculpture, architecture et gravure des artistes vivans, exposés au Muséum central des Arts d'après l'arrêté du Ministre de l'Intérieur, le 15 fructidor an VIII de la République française. Paris. De l'imprimerie des Sciences et Arts, an VIII de la République. In-12 de 96 pag. et 1001 numéros.

622. — Jocrisse dans le Muséum des Arts ou Critique-Folie en prose et en vaudevilles des peintures, sculptures, gravures et dessins, etc., qui y sont réunis. Paris, imp. Gouache, an VIII. In-8° de 16 pag.

623. — La Vérité au Muséum ou l'œil trompé. Critique en vaudeville sur les tableaux exposés au Salon. Paris, Hy et Mareschal, an IX. In-8° de 23 pag.

624. — Le nouveau Arlequin et son ami Gilles au Museum ou la Vérité dite en plaisantant. Critique piquante, en vaudevilles, des tableaux, dessins, sculptures et autres objets précieux. [Signé : C. Th.] Paris, Lacroix. s. d. In-8° de 16 pag.

625. — Le Verre Cassé de Boilly et les Croutiers en déroute ou nouvelle critique des objets de peinture et sculpture exposés au Salon, en prose, en vaudeville

et en vers, faisant suite à Gilles et Arlequin au Muséum. Paris, chez les marchands de nouveautés, an IX. In-8° de 16 pag.

626. — Notice sur les ouvrages de peinture, de sculpture, d'architecture et de gravure exposés au Salon du Musée central des Arts pendant les mois de fructidor An VIII, de vendemiaire et de brumaire, An IX, par A. D. F. Paris, à la porte du Musée central des Arts, an VIII (1800). In-8° de 40 pag.

627. — Coup d'œil sur le Salon de l'an VIII. Paris Bernard et Debray, an IX. In-8° de 53 pag.

628. — Arlequin au Muséum ou les Tableaux en vaudevilles, n° 1er. S. l. ni d. In-12 de 24 pag. fig.

629. — Arlequin au Muséum ou les Tableaux en vaudevilles, n° 2. S. l. ni d. In-12 de 36 pag.

630. — Les Tableaux du Muséum en vaudevilles, ouvrage dédié à M. Frivole, par le C. Guipava. Paris, imp. Brasseur, an IX. In-12 de 124 pag. fig.

631. — Critique raisonnée des tableaux exposés au Salon (par une société d'artistes). N° 1. Paris, imp. Cordier. In-8° de 12 pag. (Cette brochure n'a pas été continuée.)

632. — Exposition de peintures, sculptures et gravures. *Journal des Débats*, 1800. 63 pag. Ms.

633. — Exposition de peinture, sculpture, architecture et gravure. *Mercure de France*. 60 pag. Ms.

TOME XXIII

634. — Exposition des ouvrages de peinture, sculpture, gravure, architecture, composés par les artistes vivans. *Journal du Bulletin Universel des Sciences, des Lettres et des*

Arts. (Ce journal a paru pour la première fois le 11 novembre 1800.) 43 pag. Ms.

635. — Exposition du Salon du Musée. *Journal des Arts* rédigé par Landon. 139 pag. Ms.

636. — Lettre de Monsieur Barbier l'ainé, peintre, aux rédacteurs de ce Journal. 4 pag. Ms.

637. — Lettre de Monsieur Hennequin, peintre, aux auteurs du *Journal des Arts.* 11 pag. Ms.

638. — Exposition des ouvrages de peinture et de sculture. *Journal de la décade philosophique.* 28 pag. Ms.

639. — Notice raisonnée des Tableaux exposés cette année au Salon du Museum. *Journal d'indications* [signé : Demoncy]. 14 pag. Ms.

640. — Observations sur le progrès des Arts considéré d'après l'exposition des Artistes vivans du 2 septembre 1800. *Moniteur.* [Signé : Jacques Lebrun, du département de Vaucluse.] 18 pag. Ms.

641. — Observations sur cette exposition des Artistes vivans. *Journal des Batimens civils, des Monumens et des Arts.* (Ce journal a commencé à paraître pour la première fois le 25 septembre 1800.) 21 pag. Ms.

642. — Sur la situation des Beaux-Arts en France ou lettres d'un Danois à son ami ; par T. C. Bruun-Neergaard. Paris, Dupont, an IX, 1801. In-8° de 190 pag.

643. — Jugement de cet ouvrage. *Journal des Arts.* 6 pag. Ms.

644. — Dernières observations sur cette exposition. 8 pag. Ms.

645. — Tableau représentant la bataille de Marengo, par Adolphe Rolin et Gadbois. 3 pag. Ms.

646. — Vers adressé à Madame Vallayer-Coster sur les tableaux qu'elle a exposés cette année, par Monsieur L'All.... 2 pag. Ms.

647. — Sur le tableau de ce Salon représentant *la sé-*

curité de l'Innocence n° 322 par Monsieur Roland, (Vers) par Monsieur Bauset. 1 pag. Ms.

648. — Distribution des prix de peinture, architecture et sculpture faite à l'Institut national le 15 Vendemiaire an IX. 7 octobre 1800. 16 pag. Ms.

649. — Jugement des concours et Distribution des prix de ce concours de la tête d'expression et de la demie-figure peinte, le premier de la fondation de Caylus et le second de celle de Latour, peintre. 23 Ventose an VIII. 14 mars 1800. 14 pag. Ms.

650. — Annonce du tableau de la ville de Toulon par l'auteur du Panorama. *Décade* 1800. [Signé : Alex. de Ferrière.] 4 pag. Ms.

651. — Explication des ouvrages de peinture, sculpture, architecture, dessins et gravures des artistes de cette commune exposés dans la première salle du Musée, au Palais national, jusqu'au 30 brumaire. Versailles, imp. Locard, fils, an VIII. 43 pag. In-18.

TOME XXIV.

652. — Précis d'une note envoyée par Mercier aux rédacteurs du *Journal de la clef du cabinet*, à propos du groupe de Laocoon. 1 pag. Ms.

653. — Réfutation des Rédacteurs du *Journal de la clef du cabinet* de l'écrit de Mercier. 1 pag. Ms.

654. — Réponse à l'écrit de Mercier. 4 pag. Ms.

655. — Musée Central des Arts. Avis (relatif à l'ouverture des salles qui contiendront les statues, bas-reliefs et bustes antiques). 3 pag. Ms.

656. — Annonce de cette exposition. *Décade.* 4 pag. Ms.

657. — Notice des statues, bustes, bas-reliefs et autres objets composant la Galerie des Antiques du Musée cen-

tral des Arts ouverte pour la première fois le 18 brumaire
an IX. Paris, de l'Imprimerie des Sciences et Arts. In-12
de 107 pag. et 184 numéros.

658. — Notice des statues, bustes et bas-reliefs de la
Galerie des Antiques du Musée Central des Arts ouverte
pour la première fois le 18 brumaire an IX. Paris, de
l'Imprimerie des Sciences et Arts. In-12 de 119 pag. et
209 numéros.

659. — Notice des statues, bustes et bas-reliefs de la
Galerie des Antiques du Musée central des Arts ouverte
pour la première fois le 18 brumaire an IX. Paris, de
l'Imprimerie des Sciences et Arts. In-12 de 130 pag. et
217 numéros.

660. — Observation sur ces trois notices. 2 pag. Ms.

661. — Observations sur les salles des Antiques par
Chéry. 1801. 25 pag. Ms.

662. — Observations sur le Laocoon, par Monsieur
Goethe. 1800. (Ces observations sont tirées d'un journal
intitulé : *Les Propylées.)* [signé : W.] 33 pag. Ms.

663. — Inscription mise sur l'Apollon Pythien, 4 pag.
Ms.

664. — Musée des Antiques. Lettres aux rédacteurs du
Journal de la décade philosophique écrite par Landon, peintre, aussi l'un des rédacteurs du *Journal des Arts.* 1800.
43 pag. Ms.

665. — Galerie des Antiques du Musée central des Arts.
Journal des Arts. Landon. 1800. 25 pag. Ms.

666. — Vers faits devant la statue d'Apollon, par Le
Marchant. 1 pag. Ms.

667. — L'Apollon du Belvéder ou l'Oracle, folie-vaude-
ville impromptu en un acte par les citoyens Etienne,
Moras et Gaugiran-Nanteuil, représenté pour les premières
fois sur le théâtre des Troubadours, rue de Louvois, les
29, 30 brumaire, 1er, 2 et 3 frimaire de l'an 9, dédié à
Grétry. Paris, Roux, an IX, 1800. In-8° de 35 pag.

668. — Discours de Monsieur Renou à la distribution des prix du concours de la tête d'éxpression et de la demie-figure peinte, le premier de la fondation de Caylus et le second de celle de Latour, peintre, 13 pluviose an IX. 1er février 1801. 18 pag. Ms.

TOME XXV.

669. — Notice des grands tableaux de Paul Veronèse, Rubens, Lebrun, Louis Carrache et autres dont l'exposition provisoire aura lieu dans le grand salon du musée, à dater du 10 prairial an IX jusqu'au premier fructidor même année. Paris, de l'Imprimerie des Sciences et Arts. In-12 de 24 pag. et 28 numéros.

670. — Réflexions sur cette exposition. *Journal des Arts.* 2 pag. Ms.

671. — Cènes de Paul Veronèse. *Journal des débats.* 8 pag. Ms.

672. — Explication des ouvrages de peinture, sculpture, architecture et gravure des artistes de cette commune exposés dans l'une des salles du musée spécial de l'école française, au Palais national, depuis le premier Vendémiaire jusqu'au 15 Brumaire an IX. Versailles, imp. Ph. D. Pierres, an IX. In-12 de 36 pag. et 83 numéros.

673. — Notice des sujets historiques de chaque pièce des tapisseries des Gobelins, à vendre. S. l. ni d. (1801) In-8° de 4 pag.

674. — Musée central des Arts. Notice des tableaux des écoles française et flamande exposés dans la grande Galerie dont l'ouverture a eu lieu le 18 germinal an VII, et des Tableaux des écoles de Lombardie et de Bologne dont l'exposition a eu lieu le 25 messidor an IX. Paris,

de l'Imprimerie des Sciences et Arts. In-12 de 152 pag. et 945 numéros.

675. — Musée central des Arts. *Journal des batimens civils, des monuments et des arts*. Chéry, 1801. 14 pag. Ms.

676. — Supplément à la notice des Tableaux des trois écoles exposés dans la grande Galerie du musée Napoléon. Paris, de l'Imprimerie des Sciences et Arts an XIII, 1804. In-12 de 68 pag. (La numérotation des pages et des articles se suit avec l'exposition indiquée ci dessus n° 673 de la page 153 à la page 220, n⁰ˢ 949 à 1234.)

677. — Exposition des tableaux de Vernet. 4 pag. Ms.

678. — Notice des tableaux composant les ports de mer de France commandés par le Gouvernement à Monsieur Vernet et continués après sa mort par Monsieur Hue, son élève. 13 pag. Ms.

679. — Tableaux peints par M. Hue, commandés par le Gouvernement pour faire suite à la collection des ports de France commencés par Vernet. 4 pag. Ms.

TOME XXVI.

680. — Ministère de l'Intérieur. — Musée Central des Arts. (Annonce de l'exposition qui commencera le 15 fructidor an IX.) 3 pag. Ms.

681. — Explication des ouvrages de peinture et dessins, sculpture, architecture et gravure des artistes vivans exposés au muséum central des Arts d'après l'arrêté du Ministre de l'Intérieur, le 15 fructidor an IX de la République française. Paris, de l'Imprimerie des Sciences et Arts, an IX de la République. In-12 de 92 pag. et 720 numéros.

682. — Arlequin chassé du Muséum par un artiste.

Critique en prose et en vaudeville. Paris, Renaudière, an IX. In-12 de 12 pag.

683. — Rubens au Museum. Critique des Tableaux du Sallon en Vaudevilles. — N° 1. Paris, Augustin, an IX, 1801. In-12 de 24 pag. port.

684. — Madame Angot au muséum. — Première visite. — Paris, Imp. de Morues, an IX et X, 1801. In-12 de 23 pag.

685.— Arlequin de retour au museum. — Nᵒˢ 1 et II Paris, Imp. Vatar-Jouannet, an X, 1802. In-12 de 48 pag.

686. Arlequin de retour au museum ou critique des Tableaux en Vaudevilles. — Nᵒˢ I et II, Paris, Barba, an X, 1801. In-12 de 48 pag.

687. — Arlequin de retour au museum. — N° III. Paris, de l'Imprimerie de l'Arlequin, an X, 1801. In-12 de 24 pag.

688. — Arlequin de retour au museum. — N° IV. Paris, de l'Imprimerie de l'Arlequin, an X, 1801. In-12 de 24 pag.

689. — Arlequin de retour au museum. — N° V. Paris, de l'Imprimerie de l'Arlequin, an X, 1801. In-12 de 10 pag.

690. — L'Observateur au museum ou la critique des Tableaux en Vaudeville. Paris, Gauthier, s. d. In-8° de 16 pag. fig.

691. — Salon de l'an IX. *Journal de Paris*, 1801. [Signé : Marec, un de vos abonnés.] 17pag. Ms.

692. — Salon de l'an IX. *Journal des Débats*, 1801. 188 pag. Ms.

693. — Exposition au Salon du Louvre. *Mercure de France*, 1801. 68 pag. Ms.

694. — Exposition au Salon du Louvre. *Journal de la Décade*. 48 pag. Ms.

695. — Salon de 1801. *Moniteur Universel*, 142 pag. Ms.

696. — Salon des artistes vivans en 1801. *Année litté-*

raire. [Signé : Del....] 36 pag. Ms. (Ce journal que l'abbé Geoffroy avait repris finit au numero 9.)

697. — Salon du musée. *Journal de Landon*, 6 pag. Ms.

698. — Examen du Salon. *Précis historique des productions des Arts, peinture, sculpture, architecture et gravure* commencé le 22 novembre 1801. 38 pag. Defait.

TOME XXVII.

699. — Ouverture du Salon. *Journal des Arts*, 1801. 196 pag. Ms. (M. Chaussard m'a assuré que ses occupations l'avaient empêché de terminer ces observations et de répondre à l'écrit qui lui a été adressé sur le même sujet et à la lettre de Monsieur.... quoiqu'il l'eut promis dans une note particulière insérée dans le *Journal des Arts*. Je crois que les auteurs qui ont commencé de pareils écrits ont tort de ne les pas finir, car pour lors on peut être fondé à les accuser de négligence ou de ne pouvoir répondre à des objections qu'on leur a faites et qui quelquefois sont assez fortes. Je suis faché qu'on trouve cette année plusieurs observations qui n'ont point été terminées.) [Note de M. Deloynes.]

700. — A Monsieur Chaussard, redacteur de l'Analyse de 1801. [signé : L. C.] 7 pag. Ms.

701. — Lettre de Monsieur..... (au même). 18 pag. Ms.

702. — Exposition des ouvrages des artistes vivans, *Journal de l'abbé de Fontenay*. 56 pag. Ms. (Ces observations sont de Monsieur Ro.....)

703. — Du Salon d'exposition de peinture, sculpture et architecture par Chéry, peintre. *Journal des Batimens civils, des Monumens et des Arts.* 33 pag. Ms.

704. — Salon de l'an IX. *Petites affiches de Paris*, par Ducray Duminil. 49 pag. Ms. (M. Ducray-Duminil, au-

teur de ces observations, ne les a pas terminées malgré la promesse qu'il en avait faite.) [Note de M. Deloynes.]

705. — Note sur cette exposition, par l'abbé Aubert, tirée de mêmes *Affiches de Paris*. 7 pag. Ms.

706. — Salon de l'an IX, 1801. *Journal du Citoyen François.* 10 pag. Ms.

707. — Exposition de l'an IX, 1801. *Journal des défenseurs de la Patrie.* 6 pag. Ms.

708. — Notice sur cette exposition. *Journal du Publiciste.* 7 pag. Ms.

709. — Exposition au Salon du Louvre. [Signé : G. Tarenne.] *Journal d'indications.* 2 pag. Ms.

710. — Examen des ouvrages modernes de peinture, sculpture, architecture et gravure, exposés au Salon du Musée, le 15 fructidor an IX, par une société d'artistes. Paris, Landon, an IX. In-8° de 120 pag.

711. — Deux tableaux, le premier représentant la *mort du général Desaix* (par Regnault) et le second le *portrait de Madame Buonaparte* par (Gérard) *Journal de Fontenay.* 4 pag. Ms.

712. — De deux tableaux de David, 1801, (*portraits du général Bonaparte*). 4 pag. Ms.

713. — Avis. — Seconde exposition faite par David. *(Portrait du général Bonaparte et tableau des Sabines.)* 2 pag. Ms.

714. — Vers adressés à Monsieur Le Barbier l'aîné, peintre, sur son tableau d'*Hélène et Paris*, 1801. 2 pag. Ms.

715. — A Monsieur Meynier sur le prix de peinture qu'il vient d'obtenir pour son tableau de la *Muse Erato écrivant dans un bosquet sous la dictée de l'amour. Journal des Arts.* [Signé : J. M. Noel.] 1 pag. Ms.

716. — A Monsieur Dabos après avoir vu au Muséum son tableau de *la Glaneuse.* [Signé : Duhamel.] 1 pag. Ms.

717. — Les portraits au Salon ou le mariage imprévu,

Comédie-Vaudeville en un acte par B. Rougemont et A. Moreau, représentée à Paris pour les premières fois les 15, 16 et 17 Brumaire an X. Paris, Barba, an X, 1801. In-8° de 32 pages.

718. — Prix d'encouragement. (Distribution d'une somme de 40,000 livres aux Artistes.) 4 pag. Ms.

719. — Distribution des prix de peinture, sculpture et architecture. 8 pag. Ms.

720. — Observations sur cette distribution de prix. *Journal des Arts.* 11 pag. Ms.

721. — Discours de M. Renou, surveillant des écoles de peinture, sculpture, etc., après la distribution des prix de la demi-figure de l'expression le 29 janvier 1802. 8 pag. Ms.

722. — Explication des ouvrages de peinture, sculpture, architecture et gravure des artistes de cette commune exposés dans l'une des Salles du Musée spécial de l'école française au Palais national à commencer du 15 fructidor an IX. Versailles, imp. Jacob, an IX. In-12 de 15 pag. et 44 numéros.

723. — Observations sur l'exposition des ouvrages de quelques artistes de Versailles. *Journal des Arts.* 1801. 8 pag. Ms.

724. — Exposition des ouvrages des peintres, sculpteurs et architectes pensionnaires de l'école des Beaux-Arts à Rome dans la Galerie d'Apollon, 19 décembre 1801. *Journal des Arts.* 26 pag. Ms.

725. — Exposition publique à Paris, pendant les jours complémentaires de chaque année à commencer de l'an IX. *Journal des batimens civils, des Monumens et des Arts.* 14 pag. Ms.

726. — Exposition publique des produits de l'Industrie française. — Catalogue des productions industrielles qui seront exposées dans la grande cour du Louvre, pendant les cinq jours complémentaires de l'an IX, avec les noms,

départemens et demeures des Manufacturiers et Artistes admis à l'exposition. Paris, de l'Imprimerie de la République, Fructidor an IX. In-8° de 36 pag,

727. — Sur l'exposition des produits de l'Industrie française pendant les cinq jours complémentaires de l'an IX. *Journal de la Décade.* 1801. [Signé : P. M. D.] 16 pag. Ms.

728. — Explication des ouvrages de la Manufacture nationale des Gobelins composés de peintures, tapisseries, et autres objets d'arts qui sont exposés dans les galeries, appartemens et ateliers de la Manufacture, avec les noms des célèbres artistes sur les dessins desquels elles ont été exécutées (exposés les 18, 19, 20, 21, 22 et 23 septembre 1801). Paris. In-12 de 11 pag.

729. — Observations, remarques et critiques qui ont paru sur la Colonne nationale, tirées du *Journal des Arts,* par Landon. 1801. 4 pag. Ms.

730. — Observations sur la Colonne nationale. 100 pag. Ms.

731. — Colonne nationale. *Journal de la Décade philosophique.* [Signé: H.., ancien architecte.] 1801. 22 pag. Ms.

732. — Sur un monument antique et sur les figures qui entourent la colonne nationale. [Signé : Visconti.] 17 pag. Ms.

733. — Observations sur le modèle de la Colonne Triomphale. *Journal de Paris.* 1801. 20 pag. Ms.

734. — A l'Auteur du projet de la Colonne nationale par un voyageur. 5 pag. Ms.

735. — Colonne nationale. *Journal des Débats.* 1801. 2 pag. Ms.

736. — Fête du 14 juillet 1801. (Critique de la colonne nationale.) 3 pag. Ms.

737. — Colonne nationale. — L'Ombre de Servandoni aux artistes ses contemporains vivants. Paris, imp. Delaguette. In-8° de 14 pag.

738. — Reflexions sur une critique de la Colonne

nationale intitulée: L'Ombre de Servandoni, par un abonné. 12 pag. Ms.

739. — A l'abonné qui a fait quelques réflexions sur l'ombre de Servandoni. [Signé: J. A. Alavoine, architecte.] 8 pag. Ms.

740. — De la colonne nationale et Triomphale dont le simulacre, réduit à cent quatre-vingts pieds, se voit à Paris, sur la place de la Concorde, par un artiste. Paris, au bureau du *Journal des Batimens civils, des monumens et des arts*, an IX, 1801. In-8° de 34 pag.

741. — Mes observations particulières sur la Colonne nationale. 1801. 6 pag. Ms.

742. — Reflexions sur les Concours. *Journal des batimens civils, monumens et arts*. 19 prairial an IX. 8 juin 1802. [Signé: J. L.... architecte.] 11 pag. Ms.

743. — Notice de plusieurs précieux tableaux recueillis à Venise, Florence, Turin et Foligno dont l'exposition aura lieu dans le grand Salon du Museum, les Octidi, Nonidi et Decadi de chaque décade, à compter du 18 Ventose an X de la République. Paris, de l'imprimerie des Sciences et Arts. In-12 de 72 pag. et 85 numéros.

744. — Observations sur cette exposition. *Journal des batimens civils, des monumens et des arts*. 2 p. Ms.

745. — Observations sur cette exposition. *Journal des Arts*. 9 pag. Ms.

746. — Observations sur cette exposition. *Journal des Débats*. 1802. 24 pag. Ms.

747. — Annonce de cette exposition. *Journal de Landon*. 4 pag. Ms.

748. — Exposition du 9 mars 1802. *Journal du publiciste*. 3 pag. Ms.

TOME XXVIII.

749. — Musée central des Arts. (Annonce d'une noti-

velle exposition de dessins dans la Galerie d'Apollon au Louvre.) 2 pag. Ms.

750. — Notice des dessins originaux, esquisses peintes, cartons, gouaches, pastels, émaux, miniatures et vases étrusques exposés au Musée central des Arts dans la Galerie d'Apollon, en messidor de l'an X de la République française. — Seconde partie. A Paris, de l'imprimerie des Sciences et Arts, an X. In-12 de 124 pag. et 531 numéros.

751. — Exposition de dessins. *Journal des Débats.* 2 pag. Ms.

752. — Seconde exposition de dessins dans la Galerie d'Apollon. *Journal des Bâtimens civils, Monumens et Arts.* 1802. 4 pag. Ms.

753. — Ouverture de la Galerie des dessins du Musée central des Arts, 28 messidor an X, 17 juillet 1802. *Journal des Arts.* 8 pag. Ms.

754. — Musée central des Arts. (Annonce de l'exposition devant commencer le 15 fructidor an X.) 4 pag. Ms.

755. — Explication des ouvrages de peinture et dessins, sculpture, architecture et gravure des artistes vivans, exposés au Muséum central des Arts, d'après l'arrêté du ministre de l'intérieur, le 15 fructidor an X de la République française. A Paris, de l'imprimerie des Sciences et Arts, an X. In-12 de 120 pag. et 1004 numéros.

756. — Sur l'exposition publique du 15 fructidor, an X, 2 septembre 1802. *Journal des Arts.* 7 pag. Ms.

757. — Annonce du tableau d'Ossian, par Gérard. *Journal des Bâtimens.* 1 pag. Ms.

758. — Description de ce tableau. *Journal des Arts.* 1801. 4 pag. Ms.

759. — Tableau destiné au premier consul. (Ossian, par Girodet.) *Journal des Débats.* 1802. Par un abonné. 5 pag. Ms.

760. — Notice des rédacteurs (du *Journal des Débats*, sur ce tableau. 13 pag. Ms.

761. — Tableau de Girodet (Ossian). *Journal des Arts* 1802. [Signé : L. V.] 9 pag. Ms.

762. — Tableau de Girodet (Ossian). *Journal des Arts,* 1802. [Signé : A. L.] 11 pag. Ms.

763. — Gilles et Arlequin au Muséum ou Critique en vaudevilles des tableaux, dessins, sculptures, etc., par A. J. B. Simonnin. Paris, imp. Jusseraud. s. d. In-8° de 16 pag.

764. — Le marchand de lunettes au Musée des Arts. — Achetez des lunettes, mettez des lunettes. Plaisanterie sérieuse en prose et en vaudevilles sur l'exposition des peintures, sculptures, etc., de fructidor an X. Paris, chez Clairvoyant, années X et XI. In-12 de 16 pag.

765. — Arlequin au Muséum ou critique des tableaux en vaudevilles. N° 1. Paris, Marchant, an 1802. In-12 de 24 pag. fig.

766. — Arlequin au Muséum ou Revue générale et critique en vaudevilles des tableaux exposés au Salon de l'an XI, numéro par numéro. N° 2. Paris, Marchant, an X. 1802. In-12 de 24 pag. fig.

767. — Arlequin au Muséum ou Revue générale et critique en vaudevilles des tableaux exposés au Salon de l'an XI, numéro par numéro. N° 3. Paris, Marchant, an X, 1802. In-12 de 24 pag. fig.

768. — L'Observateur au Muséum ou la critique des tableaux en vaudevilles. Paris, imp. Labarre, s. d. In-12 de 28 pag. fig.

769. — Revue du Salon de l'an X ou examen critique de tous les tableaux qui ont été exposés au Muséum. Paris, Surosne, an X, 1802. In-12 de 202 pag. fig. (Incomplet de 1 page.)

770. — Examen de cette critique. [Signé : J. Dusaulchoy.] 17 pag. Ms.

771. — Croutinet ou le Salon de Montargis, caricature en un acte et en vaudevilles, par le cit. J. Ernest, repré-

sentée pour les premières fois à Paris, sur le théâtre des Jeunes Artistes, les 6, 7, 8, 9 et 10 vendemiaire an XI. Paris, Fages, an XI, 1802. In-8° de 20 pag.

772. — Croutinet ou le Salon de Montargis représenté au théâtre des Jeunes Artistes, le 28 septembre 1802. (Critique de cette critique.) 3 pag. Ms.

773. — Salon de l'an Dix représenté une seule fois au théâtre de la Cité, le 8 octobre 1802. 3 pag. Ms.

774. — *Molière chez Ninon ou la lecture de Tartuffe*, comédie en un acte et en vers par MM. Chazet et Dubois, représentée pour la première fois sur le théâtre de Louvois, par les comédiens de l'Odéon, le 17 brumaire an XI. Paris, J. F. Girard, an XI, 1802. In-8° de 39 pag. (Le tableau était de Monsiau.)

775. — La *Lecture de Tartuffe chez Ninon*,. Théâtre de Louvois, 1802. 13 pag. Ms.

776. — La *Lecture de Tartuffe chez Ninon. Mercure de France*. 1802. 11 pag. Ms.

777. — La *Lecture du Tartuffe de Molière chez Ninon. Journal de Paris*. 6 pag. Ms.

778. — Salon de 1802. *Journal des Débats*. 120 pag. Ms.

779. — Salon de peinture de 1802. *Journal de Paris*. 19 pag. Ms.

780. — *Valentine de Milan* (tableau de Fleury Richard). *Journal de Paris*. 11 pag. Ms.

781. — Le tableau de *Phèdre et Hyppolite*, comédie en un acte et en prose représentée sur le théâtre de la Gaieté, le 3 floréal an XI (23 avril 1803), par M. Bonel. Paris, Barba, an XI, 1803. In-8° de 30 pag. (Le tableau de *Phèdre et Hippolyte* était peint par Regnault.

TOME XXIX.

782. — Ouverture du Salon d'exposition annuelle des peintres vivans. *Journal des Arts*. 226 pag. Ms.

783. — Second article sur la Sculpture. (Article relatif à une statue de *Jeanne d'Arc* par Gois.) *Journal des Arts*. [Signé: Alphonse Leroy fils.] 16 pag. Ms.

784. — Examen des projets et dessins exposés au Salon de 1802 par les Architectes. *Journal des Arts*. 64 pag. Ms.

785. — Tableau de Guérin. Article envoyé par une Dame au *Journal des Arts*. [Signé: V. L. G.] 4 pag. Ms.

786. — Reflexions sur le tableau de Guérin, par un étranger. *Journal de Paris*. 7 pag. Ms.

787. — Réponse à ces Reflexions par Monsieur Fleury, peintre d'histoire. 9 pag. Ms.

788. — Tableau de Guérin. Nº 121. *Journal de Paris*. [Signé: P. X. Duffei, amateur des beaux arts.] 3 pag. Ms.

789. — Vers adressés par Augustin Zimenès à Monsieur Guérin. 1 pag. Ms.

790. — Autres vers adressés à Regnault sur le même sujet. 2 pag. Ms.

791. — Vers adressés à Mʳ Danloux, peintre. 1 pag. Ms.

792. — *Le Duel*, tableau de Mongin. Nº 208. [Signé: J. B. Duvarent, amateur des beaux arts.] 4 pag. Ms.

793. — *Molière chez Ninon ou la lecture du Tartuffe*. *Journal des Arts*. 6 pag. Ms.

794. — Exposition des Artistes vivans. *Journal des Batimens civils, monumens et Arts*. 3 pag. Ms.

795. — Du Salon de l'an X. Même Journal. [Signé: R... artiste.] 55 pag. Ms.

796. — Réponse à cet écrit en ce qui concerne le tableau de Monsieur Guérin, par Monsieur Bourdon. 23 pag. Ms.

797. — Réponse faite à Mʳ Bourdon sur le tableau de *Phèdre et Hippolyte*. [Signé: H....] 54 pag. Ms.

798. — Opinion de Monsieur J.J. Leuliette, professeur de belles lettres à l'école centrale de Seine-et-Oise, sur le même sujet. *Journal des batimens civils, monumens et Arts*. 10 pag. Ms.

799. — Réclamation de Monsieur Bourdon. 6 pag. Ms.

800. — Opinion d'un Artiste sur l'exposition des tableaux au Salon du Louvre. *Journal des batimens civils, monumens et Arts.* [Signé: C....] 14 pag. Ms.

801. — Les Ombres des héros français morts pour la patrie, conduits par la Victoire, reçoivent dans l'Elysée d'Ossian, la fête de l'Amitié. *Journal des batimens civils, monuments et arts.* 4 pag. Ms.

802. — Exposition publique des Tableaux des peintres vivans dans le Salon du Louvre. 1802. *Petites affiches de Paris* par Ducray-Duminil, rédacteur. 100 pag. Ms. (Ces observations sont de M. Robin, peintre, jusqu'à la page 90; le reste commençant par ces mots : *puisque nous citons un ouvrage de M. Gérard*, jusqu'à la fin sont du rédacteur de ce journal.) [Note de M. Deloynes.]

803. — Salon de l'an X. 1802. *Journal du publiciste.* 112 pag. Ms.

804. — Salon de l'an X. 1802. *Journal de la Décade.* 43 pag. Ms. (M. Sanson, rédacteur du *Moniteur universel* m'a assuré que ces observations lui avaient été adressées par Monsieur Denon et qu'en conséquence il avait cru ne pouvoir mieux faire que de les copier dans ce même journal.) [Note de M. Deloynes.]

805. — Exposition des Artistes vivants. *Journal du Moniteur Universel.* 8 pag. Ms.

806. — *Bataille de Marengo* (par Lejeune). 3 pag. Ms.

TOME XXX.

807. — Exposition du Salon de l'an X. *Journal de littérature, des sciences et arts.* (Ce journal a paru la première fois le 30 ventose an XI, 21 mars 1802). [M. Deloynes signale cette critique sans la transcrire, attendu, dit-il,

que les observations qu'elle contient sont exactement les mêmes que celles du *Journal de la Décade philosophique.*]

808. — Tableau de *Phèdre et Hippolyte.* Même journal. 5 pag. Ms.

809. — Reflexions sur le tableau de Phèdre et Hippolyte par Guérin, par un étranger. 7 pag. Ms.

810. — Salon de l'an X. *Journal du Bulletin de Paris.* 15 pag. Ms.

811. — Exposition du Salon de l'an X, 1802. *Journal des défenseurs de la patrie.* [Signé L. V.] 29 pag. Ms.

812. — Exposition des Tableaux de Monsieur Guérin. [Signé L. V.] 10 pag. Ms.

813. — Exposition du Salon de 1802. *Journal de la clef du Cabinet.* [M. Deloynes n'a pas transcrit cette critique, attendu, dit-il, que les observations qu'elle contient sont exactement les mêmes que celles de la *Décade philosophique.*]

814. — Exposition du Salon de 1802. *Journal du citoyen françois.* 2 pag. Ms.

815. — Dernières observations sur cette exposition. 7 pag. Ms.

816. — Dernières observations sur cette exposition. 10 pag. Ms.

817. — Examen critique du tableau de *Phèdre et Hippolyte* par M. Guérin. 1802. *Mercure de France.* (Il n'y a pas eu cette année d'observations sur l'exposition publique du Salon insérées dans ce journal.) [Note de Deloynes.] 23 pag. Ms.

818. — Exposition d'un tableau représentant la folie et la stupidité qui gouvernent les hommes avec des fantômes par Monsieur Hue, fils. *Journal des Arts.* 5 pag. Ms.

819. — Exposition publique des produits de l'Industrie française. — Catalogue des productions industrielles qui seront exposées dans la grande cour du Louvre pendant les cinq jours complémentaires de l'an 10, avec les

noms et demeures des Manufacturiers et Artistes admis
à l'exposition, imprimé par ordre du Ministre de l'Intérieur. Paris, de l'Imprimerie de la République, fructidor an X. In-8° de 48 pag.

820. — Note essentielle à lire au sujet de cette troisième exposition des produits de l'industrie française. 2
pag. Ms. (M. Deloynes signale également quelques observations sur cette exposition dans le *Journal des Arts*
Nᵒˢ 229, 230, 231, 232, 233, 234, 235, 236, 238, 241, 243,
245, 246, 247, 248, 252 et 256 et dans le *Journal des batimens civils, monumens et Arts* Nᵒˢ 217, 220, 221, 228,
229, 230, 232, 238, 257, et 258.)

821. — Notice historique et critique sur le monument
que l'on nomme vulgairement la lanterne de Demosthène.
Mercure de France. 10 pag. Ms.

822. — Monument connu sous le nom de lanterne de
Demosthène. 3 pag. Ms.

823. — Notice sur le modèle du monument chorogi-
que de Lysicrates, vulgairement connu sous le nom de
Lanterne de Demosthène à Athènes. *Journal de la décade
philosophique.* 12 pag. Ms.

824. — Distribution des prix de peinture, de sculpture
et d'architecture. 20 vendémiaire an XI, 12 octobre 1802
4 pag. Ms.

825. — Discours adressé par Monsieur Lévesque, président de l'Institut, dans la même séance, aux élèves de
peinture, sculpture et architecture qui ont remporté les
prix. 5 pag. Ms.

826. — Distribution des prix d'expression et de la
demi- figure peinte. 7 pluviose an XI, 27 janvier 1803.
11 pag. Ms.

827. — Explication des ouvrages de peinture, sculpture, architecture et gravure des artistes de cette commune exposés dans l'une des salles du Musée spécial
de l'École française, au Palais national, à commencer du

15 fructidor an X, 2 septembre 1802. Versailles, imp.
Jacob, an X. In-12 de 16 pag.

828. — Prospectus d'un Muséum des arts modernes,
s. l. ni d. In-4° de 2 pag.

829. — Nouvelle exposition de tableaux, de sculptures
et autres objets des Arts. *Journal des Arts.* 1802. 6
pag. Ms.

830. — Observations sur cet établissement. (Un Musée
permanent.) [Signé : Bourgeois.] *Journal de Paris.* 1802.
5 pag. Ms.

831. — Sur un projet d'exposition publique à prix
d'argent. *Journal des Bâtimens civils, des Monumens et des
Arts.* 1802. 4 pag. Ms.

832. — Explication des édifices principaux et des lieux
remarquables que présente le Panorama de Lyon et de
ses environs. S. l. ni d. In-4° de 2 pag.

833. — Observations sur les expositions des Artistes
vivants au Salon du Louvre. 1803. 5 pag. Ms.

834. — Séance publique de la classe des Beaux-Arts à
l'Institut national, le 8 vendémiaire an XII, 1er octobre
1803. Distribution des grands prix de peinture, sculpture et architecture. *Journal des Arts.* 12 pag. Ms.

835. — Observations faites à Monsieur Landon, rédacteur du *Journal des Arts* sur les projets d'architecture qui
venaient d'être exposés au Palais des Beaux-Arts. [Si-
gné : L. G.] 7 pag. Ms.

836. — Ecole spéciale de peinture et de sculpture.
Journal des Arts. Jugement du prix de la demi-figure et
de la tête d'expression. 14 pag. Ms.

837. — Arrêté du gouvernement du 13 ventose an X,
4 mars 1802, par lequel il a demandé à l'Institut national un tableau général de l'état et du progrès des
Sciences, des Lettres et des Arts depuis 1789 jusqu'au
premier vendemiaire an XI, 23 septembre 1802, et proposé en même tems les vues de l'Institut concernant les

découvertes dont il croira l'application utile aux exercices publics, les secours et encouragements dont les Sciences, les Arts et les Lettres auront besoin et des méthodes employées dans les diverses branches de l'enseiment public. 31 pag. Ms.

838. — Courtes réflexions (de Deloynes) sur ce rapport. 2 pag. Ms.

839. — Tapisserie de la Conquête de Guillaume le Conquérant. *Journal des Arts*. [Signé : J. Dusaulchoy.] 20 pag. Ms.

840. — Sur un monument historique brodé par la Reine Mathilde. *Journal de Paris*. 8 pag. Ms.

841. — Notice historique sur la tapisserie brodée de la Reine Mathilde, épouse de Guillaume le Conquérant. Paris, de l'imprimerie des Sciences et Arts, frimaire an XII. In-12 de 46 pag.

842. — Notice historique sur la tapisserie brodée de la Reine Mathilde, épouse de Guillaume le Conquérant. Paris, de l'imprimerie des Sciences et Arts, frimaire an XII. In-4° de 20 pag. et 7 planches gravées.

843. — Sur la tapisserie de la Reine Mathilde. *Journal du Moniteur*. [Signé : Sallier.] 16 pag. Ms.

844. — Sur la tapisserie de la Reine Mathilde actuellement exposée dans le Salon du Musée de Paris. *Journal de la Décade philosophique*. 6 pag. Ms.

845. — Opinion sur la tapisserie de la Reine Mathilde. *Journal des Bâtimens, Monumens et Arts*. 3 pag. Ms.

846. — Fait historique sur Guillaume le Conquérant. 4 pag. Ms.

847. — La tapisserie de la Reine Mathilde, comédie en un acte, en prose, mêlée de vaudevilles, par MM. Barré, Radet et Desfontaines, représentée pour la première fois, à Paris, sur le théâtre du vaudeville, le samedi 23 nivose an XII, 14 janvier 1804. Paris, Mme Masson, an XII, 1804. In-8° de 28 pag.

848. — Jugement sur cette pièce de la tapisserie de la Reine Mathilde. *Journal des Arts.* 5 pag. Ms.

849. — Note tirée du *Journal de Paris*, n° 217, 1805, au sujet de la tâpisserie de la Reine Mathilde. 2 pag. Ms.

850. — Sculpture. *Journal des Arts* et *Journal des Bâtimens civils, Monumens et Arts*, n° 359. (Article relatif à une statue du sculpteur Casanova [Canova] représentant un gladiateur.) 14 pag. Ms.

851. — Institut national. Classe des Beaux-Arts. Grand prix de gravure. 5 pag. Ms. (Décret instituant le grand prix pour la gravure et taille douce et pour la gravure de pierres fines et en médailles.)

852. — Notice historique sur Rome et ses environs pour servir à l'explication du panorama de cette ville, S. l. ni d. In-8° de 62 pag.

853. — Notice de plusieurs précieux tableaux recueillis à Venise, Florence, Naples, Turin et Bologne exposés dans le grand Salon du Musée, ouvert le 27 thermidor an XI, (15 aout 1803). Paris, de l'imprimerie des Sciences et Arts. In-12 de 72 pag. et 75 numéros.

854. — Panorama de Rome pris du clocher du Capitole. Gravure à l'eau-forte, in-folio.

TOME XXXI.

855. — Changement du nom de Musée central des Arts en celui de Musée Napoléon. *Journal de Landon.* 2 pag. Ms.

856. — Musée Napoléon. Exposition du 1er vendémiaire an XII, 24 septembre 1803. 5 pag. Ms.

857. — Notice des statues, bustes et bas-reliefs de la Galerie des antiques du Musée Napoléon ouverte pour la première fois, le 18 brumaire an IX. Paris, de l'impri-

merie des Sciences et Arts, an XI. In-12 de 180 pag. et 223 numéros.

858. — Observations sur le Musée et autres monumens publics. *Journal des Arts*. 3 pag. Ms.

859. — Galerie des Antiques. *Journal des Arts*, n° 284. 5 pag. Ms.

860. — Musée Napoléon. Vénus dite la Vénus de Médicis. *Journal des Arts*, n° 296. [Signé : J. Dusauchoi.] 11 pag. Ms.

861. — Musée Napoléon. Avis aux Artistes (relatif à l'exposition qui s'ouvrira le 2 septembre 1804). 4 pag. Ms.

862. — Musée Napoléon. (Annonce de l'ouverture de l'exposition pour le 18 septembre 1804.) 3 pag. Ms.

863. — Lettre de M. Denon aux artistes, (relative à l'interdiction absolue de faire pénétrer aucun tableau dans les salles de l'exposition après l'ouverture) du 9 juillet 1804. 6 pag. Ms.

864. — Explication des ouvrages de peinture, sculpture, architecture et gravure des artistes vivans exposés au Musée Napoléon, le 1er jour complémentaire, an XII de la République française. Paris, de l'imprimerie des Sciences et Arts, an XII. In-12 de 119 pag. et 930 numéros.

865. — Arlequin au Muséum ou critique des tableaux en vaudevilles. Exposition de l'an XII, n° 1. Paris, imp. C. F. Cramer, an XII, 1804. In-12 de 12 pag.

866. — Arlequin au Muséum, n° II. An XII, 1804. In-12 de 24 pag.

867. — Arlequin au Muséum, n° III. An XII, 1804. In-12 de 24 pag.

868. — Arrivée de Fanchon la vielleuse au Muséum. Paris, imp. Hayez, s. d. In-12 de 12 pag.

869. — L'entrée curieuse au Museum de Thomas, marchand d'encre, de Nicolle, marchand d'amadoue et

de Mlle Suzette, ravodeuse. (Paris,) imp. Hayez. s. d.
In-12 de 12 pag.

870. — L'observateur du salon, ou M. Musard au
Museum, avec sa critique des tableaux en vaudeville.
Imp. Gauthier. s. d. In-12 de 24 pag. fig.

871. — Salon du Musée en l'an XIII, à M. Schœn-
berger. Paris, Lajonchère et Giroud, s. d. In-8° de
7 pag.

872. — Lettres impartiales sur les expositions de l'an
XIII par un amateur. Paris, Dentu, an XIII, 1804.
In-8° de 34 pag. Lettres I à VIII.

873. — Lettres impartiales sur les expositions de l'an
XIII (1804). In-8° de 32 pag. Lettres IX à XVI.

874. — Lettres impartiales sur les expositions de l'an
XIII par un amateur. Paris, Dentu, an XIII, 1804. In-8°
de 32 pag. Lettres XVII à XXIII.

875. — Lettres impartiales sur les expositions de
l'an XIII par un amateur. Paris, Dentu, an XIII, 1804.
In-8° de 36 pag. Lettres XXIV à XXX.

876. — Lettres impartiales sur les expositions de l'an
XIII, par un amateur. Paris, Dentu, an XIII, 1804.
In-8° de 70 pag. Lettres XXXI à XLIV.

877. — Les tableaux chez Séraphin ou les ombres chi-
noises du Salon. Paris, Bertrand-Pottier, s. d. In-12 de
23 pag.

878. — Critique raisonnée des tableaux du Salon. Dialogue entre Pasquino, voyageur Romain, et Scapin, dis-
posée selon l'ordre du livre de l'exposition avec le catalogue de 129 auteurs cités. Paris, Debray et Delaunay,
an XIII, 1804. In-12 de 100 pag.

TOME XXXII.

879. — Avertissement nécessaire à lire (relatif aux

critiques terminées ou non terminées ou aux journaux qui n'ont pas publié en 1804 de critique du Salon). 4 pag. Ms.

880. — Salon de 1804. *Journal des Débats.* [Signé : M. B.]. 158 pag. Ms.

881. — Vers lus au dîner donné par les peintres de l'école française à Gros à l'occasion du couronnement de son tableau de la *Peste de Jaffa*, le 24 septembre 1804. *Journal des Débats.* [Par A. L. Girodet, peintre d'histoire.] 7 pag. Ms.

882. — Lettre sur le Salon de l'an 1804. *Journal des Petites affiches de Paris.* M. Ducray Duminil, rédacteur, 6 pag. Ms.

883. — Réponse du rédacteur. 139 pag. Ms.

884. — Réponse à ces observations. 8 pag. Ms. [Cette réponse est de M. Ro....]

885. — Lettre d'un particulier sur le même sujet. 3 pag. Ms.

886. — Réponse à cette lettre. 4 pag. Ms. [Cette réponse est de M. Ro....]

887. — Annales des sciences, de la littérature et des arts commencées le 24 juillet 1804. 19 pag. Ms. (Article relatif aux *pestiférés de Jaffa*, de Gros.)

888. — Lettre adressée à Messieurs les Rédacteurs du *Journal des Sciences, de Littérature et des Arts* par Monsieur ...... 120 pag. Ms.

889. — Salon de peinture en 1804. *Journal de la décade.* [Signé: Ambulator.] 64 pag. Ms.

890. — Observations sur les deux tableaux d'*Eginhart et d'Imma*, aux rédacteurs du *Journal de la Revue.* [Signé : C. F.] 6 pag. Ms.

891. — Sur un dessin N° 131 de cette exposition *(Dieu reprochant à Adam et Eve leur désobéisssance et les chassant du Paradis terrestre*, par Devosge). *Journal de la Décade.* 9 pag. Ms.

892. — *Nouvelles des Arts de peinture, sculpture, architecture et gravure.* Journal rédigé par Landon. Salon de 1804. 99 pag. Ms.

893. — Vers adressés à Monsieur Peyron, auteur du tableau de *Persée aux pieds de Paul Emile,* n° 336 de cette exposition. *Nouvelles des Arts,* par Landon. [Signé : S. L., amateur des Beaux-arts.] 7 pag. Ms.

894. — Sur le Tableau de *Paul Emile,* par Monsieur Peyron. *Journal des Batimens.* [Signé : L. V.] 5 pag. Ms.

895. — Epitre à Monsieur Gois fils sur sa statue équestre de Buonaparte par F. P. A. Leger, professeur de belles-lettres et membre de l'Athénée des Arts, lue dans la séance publique de l'Athénée le 20 décembre 1804. *Journal de Landon.* 9 pag. Ms.

896. — Reirem (Mercier) au Salon de 1804. [Signé : Spiteful.] 14 pag. Ms.

897. — Exposition publique des ouvrages des peintres vivans. *Journal des Arts.* 1804. 36 pag. Ms.

898. — Suite. *Journal des Arts* N° 394. Feuilles détachées d'un manuscrit trouvé sur le perron du grand escalier du Salon. 32 pag. Ms. (Ces observations n'ont pas été terminées).

899. — Examen des sujets d'architecture exposés au Salon de 1804. *Journal des Arts.* 38 pag. Ms.

900. — Salon de peinture de 1804. *Journal du publiciste.* 94 pag. Ms. (Ces observations n'ont point été terminées.)

TOME XXXIII.

901. — Essais sur la peinture par Diderot. Paris, Fr. Buisson, an IV. In-8° de 415 pag. (On lit en tête de cet ouvrage la note suivante de M. Deloynes : « On croit que

Diderot a mis plus de gaieté que de justice et de justesse dans ses jugemens et qu'il se repentirait aujourd'hui d'avoir fait rire son ami Grimm et l'Impératrice de Russie aux dépens de plusieurs de nos artistes français dont la réputation s'est affermie depuis 1765. Un bon mot se présente, il offense, il déchire, n'importe, il ne faut pas qu'il soit perdu.» (Le dernier possesseur de la Collection qui nous occupe a ajouté au-dessous de cette note la phrase suivante tout à fait injuste: «A l'Imitation de Mr Cochin, avec lequel il était lié, M. Deloynes avait voulu collectionner les livrets et les articles critiques sur les expositions, mais n'entendant rien aux arts, il l'a fait sans discernement. »

TOME XXXIV.

(Ce volume contient uniquement des extraits de Bachaumont.)

902. — Notice sur Mr de Bachaumont. 4 pag. Ms.

903. — Salon de 1763. 5 pag. Ms.

904. — Salon de 1765. 5 pag. Ms.

905. — Lettres à Monsieur ..... sur les peintures, sculptures, etc. par M. Mathon de la Cour. 3 pag. Ms.

906. — Salon de 1767. 8 pag. Ms.

907. — Salon de 1769. 5 pag. Ms.

908. — Jugement de cette pièce. 3 pag. Ms.

909. — Autre jugement de cette pièce. 2 pag. Ms.

910. — Monsieur Cochin, auteur de cette critique. 2 pag. Ms.

911. — Salon de 1771. Prix. 11 pag. Ms.

912. — Salon de 1773. 2 pag. Ms.

913. — Annonce de deux critiques. 10 janvier 1774. 2 pag. Ms.

914. — Autre annonce. (à propos d'une critique intitulée Dialogues sur la peinture.) 4 pag. Ms.

915. — Jugement d'une critique qui a paru sur cette exposition. Cette critique avait pour titre : (Eloge des tableaux exposés au Louvre le 25 aout 1773, suivi de l'entretien d'un lord avec monsieur l'abbé A.... [par M. de Jossau].) 2 pag Ms.

916. — Prix de 1774. (Note indiquant les sujets de prix.) 3 pag. Ms.

917. — Salon de 1775. 2 pag. Ms.

918. — Jugement qu'on doit porter sur deux critiques qui paroissent sur cette exposition. (Ces critiques avaient pour titres : Coup d'œil sur le Salon de 1775 par un aveugle, et observations sur les ouvrages exposés au Salon du Louvre ou lettres à M. le comte de... Cette dernière est attribuée à Colson, peintre de portraits.) 2 pag. Ms.

919. — Salon de 1777. 6 pag. Ms.

920. — Jugement de cinq brochures qui ont paru sur cette exposition. 3 pag. Ms.

921. — Exposition d'une *Naïade* chez Monsieur Houdon. 1778. 3 pag. Ms.

922. — Exposition d'une *Diane* chez Monsieur Houdon. 2 pag. Ms. (Le dernier possesseur de la Collection Deloynes a mis ici la note suivante : Cette figure ciselée en bronze fut longtemps exposée dans la cour de la Bibliothèque nationale; elle est aujourd'hui (1870) au Musée du Louvre. On a dû marteler le bas du ventre que l'artiste avait représenté d'une façon indécente.)

923. — Chapelle de la Sainte Vierge à l'église Saint Sulpice. *Mémoires secrets*. 9 septembre 1778. 7 pag. Ms.

924. — Exposition de la figure de l'*Ecorché* de Houdon. 2 pag. Ms.

925. — Exposition, 2 septembre 1779, concernant le concours des prix. 2 pag. Ms.

7

926. — Note sur le tableau de *Bethsabée* par M. Bounieu, 17 septembre 1779. 3 pag. Ms.

927. — *Saint Satyre*, statue de M. Caffieri. 26 mai
1780. 2 pag. Ms.

928. — Note sur M. Robin au sujet d'un ouvrage qu'il
a recommencé. 9 juin 1780. 2 pag. Ms.

929. — *Diane* exécutée en marbre par M. Houdon et
Adam et Eve chassés du Paradis terrestre, tableau de M.
Bounieu, 13 mai 1781. 7 pag. Ms.

930. — Exposition et Distribution de prix, 23 aout
1781. 4 pag. Ms.

931. — Admission de M. David à l'Académie royale de
peinture, de sculpture et de gravure, 24 aout 1781.
9 pag. Ms.

932. — Sentimens sur les onze critiques qui ont paru
sur cette exposition. 7 pag. Ms.

933. — Exposition et Distribution des prix, 26 aout et
5 septembre 1782. 4 pag. Ms.

934. — Exposition et Distribution des prix en 1783, 22
aout. 6 pag. Ms.

935. — Exposition en 1783. 8 pag. Ms.

936. — Modèle d'un obélisque pour le port de Vendre.
Mémoires secrets. 5 mai 1785. 4 pag. Ms.

937. — Boers. Son portrait par M. Cathelin n'a pu
être exposé au Salon. *Mémoires secrets*. 2 pag. Ms.

938. — Admission de Monsieur Peyron, comme agréé.
27 septembre 1783. 2 pag. Ms.

939. — Exposition des Tableaux des élèves de l'Académie de peinture. 27 aout 1784. 19 pag. Ms.

940. — Vente des Tableaux de M. le comte de Vaudreuil. 15 décembre 1784. 3 pag. Ms.

941. — Exposition en 1785. 6 pag. Ms.

942. — Distribution des prix (en 1785). 2 pag. Ms.

943. — Sur les critiques de cette exposition. (1785)
2 pag. Ms.

944. — Prix d'Architecture en 1786. 1 pag. Ms.

945. — Motifs pour lesquels il n'y a point eu de distribution en 1786. 3 pag. Ms.

946. — Sur une critique dirigée contre Madame Du-
gazon. 1 pag. Ms.

947. — Collection d'expositions particulières faites par
Monsieur Greuze et rangées par ordre de date. 19 pag. Ms.

948. — Tableau de *Marius* (par Drouais). *Mémoires se-*
crets. 4 pag. Ms.

949. — Mausolée de Monsieur le Dauphin (par Coustou). 1769. 5 pag. Ms.

950. — Mausolée de Monsieur le Maréchal de Saxe
(par Pigale). 1770. 8 pag. Ms.

951. — Mausolée de Monsieur l'abbé Terray (par Lecomte). 27 avril 1780. 8 pag. Ms.

952. — Mausolée de Monsieur Boulenois (par Ponce).
1786. 16 pag. Ms.

953. — Assemblées tenues et expositions d'objets d'arts
faits par M. de la Blancherie. Précis de sa conduite. 69
pag. Ms.

954. — Exposition à la place Dauphine. *Mémoires se-*
crets. 3 juin 1783. 2 pag. Ms.

955. — Exposition à la place Dauphine. *Mémoires*
secrets. 5 juillet 1786.

956. — Exposition à l'Académie de Saint-Luc. 1764.
1 pag. Ms.

957. — Exposition à l'Académie de Saint-Luc. *Mémoires*
secrets. 1774. 8 pag. Ms.

958. — Tableau trouvé chez les Jésuites de Billon en
Auvergne (Il est ici question du tableau actuellement
conservé aux archives nationales, tableau que Moreau
le jeune grava en 1764). *Mémoires secrets*. Tom. I, p. 202
et 290. 4 pag. Ms.

959. — Inauguration de la place de Louis Quinze. *Mémoires secrets.* 1763. 4 pag. Ms.

960. — Portrait de Mademoiselle Raucourt (par Trinquet). *Mémoires secrets*, 9 novembre 1773. 4 pag. Ms.

961. — Notice sur le Colisée. *Mémoires secrets.* 1776. 7 pag. Ms.

962. — Tableau de la vue de la fontaine de l'Aqua-Acetosa (attribué à Michel-Ange des Batailles). *Mémoires secrets.* 1777. 8 pag. Ms.

963. — Notice sur M. Perroneau. *Mémoires secrets.* 24 janvier 1784. 3 pag. Ms.

964. — Taille des pierres fines et des pierres de composition. 10 aout 1784. 3 pag. Ms.

965. — Eloge de M. Lepaon, peintre. 31 mai 1785. 4 pag. Ms.

966. — Tableau de Mademoiselle Beaulieu au sujet de Voltaire *(La Muse de la poésie livrée aux regrets que lui cause la mort de Voltaire).* *Memoires secrets.* 13 novembre 1785. 3 pag. Ms.

967. — Calvaire (par M. Jallot), sculpture. 7 avril 1787. 4 pag. Ms.

968. — Tableau singulier de M. Amédée Vanloo *(Allégorie sur les vertus du Roi).* 2 pag. Ms.

969. — Portrait de M. Boucher, premier peintre du Roi. 1770. 2 pag. Ms.

970. — Eloge de M. Dumont le Romain, peintre. 1781. 3 pag. Ms.

971. — Inauguration de la statue de Pierre-le-Grand. (Simple renvoi aux *Mémoires secrets* de Bachaumont, du 22 septembre 1782. Tome 21.

972. — Vente de Tableaux de madame la présidente de Bandeville. 1787. 1 pag. Ms.

TOME XXXV.

973. — Lettres sur le Salon depuis 1767 jusques et com-

pris 1787, par Bachaumont et par le continuateur de
Bachaumont. 543 pag. Ms.

TOME XXXVI.

974. — Avis au public pour prévenir qu'on va chan-
ger la disposition des Tableaux au Salon du Louvre. 2
pag. Ms.

975. — Exposition des Tableaux de 1804 (Critique).
Journal d'Indications. 20 pag. Ms.

976. — Lettre de M. Dabost au Rédacteur du *Journal
d'Indications* sur son tableau de *Damoclès*. 7 pag. Ms.

977. — Observations sur cette exposition en 1804.
Gazette de France. 29 pag. Ms.

978. — Observations sur la prochaine exposition au
Salon du Louvre. *Journal des batimens civils, monumens
et arts*. [Signé : L. B.] 9 pag. Ms.

979. — Exposition des peintures, sculptures, architecture et gravures du Salon de 1804. *Journal des batimens
civils, monumens et Arts*. [Signé : P. V.] 9 pag. Ms.

980. — Peintures du Salon de 1804. 25 pag. Ms.

981. — Premier coup d'œil au Salon du Louvre de
1804. *Journal des Spectacles*. 27 pag. Ms.

982. — Exposition au Salon du Louvre. *Journal de
Paris*. 20 pag. Ms.

983. — Réflexions particulières sur quelques Tableaux
de cette exposition. [Signé : V...] *Journal de Paris*. 20
pag. Ms.

984. — Observation particulière sur un tableau de M.
Robert Lefèvre. *Journal de Paris*. [Signé : B.] 4 pag. Ms.

985. — Distribution des prix de peinture, sculpture,
architecture et gravure du 7 vendémiaire an XIII. 29
septembre 1804. 46 pag. Ms.

986. — Distribution des prix du 7 vendemiaire, an XIII. 29 septembre, 1804. 9 pag. Ms.

987. — Exposition du Concours pour le grand prix de peinture, salle du Laocoon au Louvre. *Journal de l'Empire.* 20 pag. Ms.

988. — Prix d'Architecture au Collège des Quatre-Nations. Même journal. [Signé: M. B.] 6 pag. Ms.

989. — Ministère de l'Intérieur. — Procès-verbal de la distribution des prix aux élèves des écoles spéciales, 30 aout 1805. Paris, Imp. Impériale. In-8° de 23 pag.

990. — Exposition des Concours pour les grands prix de peinture et de sculpture. *Annales des sciences, de la littérature et des Arts.* 1805. 18 pag. Ms.

991. — Concours. Prix de peinture. *Nouvelles des Arts* par Landon. 4 pag. Ms.

992. — Jugement du prix d'expression du 12 pluviose an XIII (24 janvier 1805). 1 pag. Ms.

993. — Jugement du prix de la demi-figure du 23 messidor an XIII (12 juillet 1805). 1 pag. Ms.

994. — Notice des Travaux de la classe des beaux-arts de l'Institut national pendant l'an XII, lue à la séance publique du 7 vendemiaire an XIII (29 septembre 1804), par Joachim Lebreton, secrétaire perpétuel de la classe .... (Paris). Imp. Vᵉ Pänckoucke. In-8° de 32 pag.

995. — Articolo estratto dal discorso di M. Gioacchino Le Breton .... pronunziato il di Vendemiale dell' Anno XIII (29 septembre 1804) .... Parigi. Imp. Baudouin. 1804. In-8° de 10 pag.

996. — Extrait de la *Revue philosophique, littéraire et politique.* — Notice des Travaux de la classe des Beaux-Arts de l'Institut pendant l'an XIII lue dans la séance publique du 6 vendemiaire an XIV (28 septembre 1805), par Joachim Lebreton, secrétaire perpétuel ..... S. l. ni d. In-8° de 9 pag.

997. — Observations sur le gout dans les Arts lues dans la séance publique de l'Institut le 6 vendemiaire an XIV (28 septembre 1805), par M. Heutier, vice-président de la classe des Beaux-Arts. 14 pag. Ms.

998. — Prospectus d'un Monument élevé à la gloire de la Religion dedié à Sa Sainteté Pie VII. 3 pag. Ms.

999. — Le portrait du pape par David exposé dans la galerie du Sénat, au Luxembourg. *Journal des Débats.* [Signé: M. B.] 14 pag. Ms.

1000. — Le portrait du pape. *Journal des Arts.* 3 pag. Ms.

1001. — Le portrait du pape. *Journal de Paris.* 1 pag. Ms. (Simple mention de cet article copié absolument sur celui du *Journal des Arts.*)

1002. — Le portrait du pape. *Journal des petites affiches de Paris.* M. Ducray-Duminil rédacteur. 5 pag. Ms.

1003. — Portrait du pape. *Annales de l'Architecture et des Arts.* 3 pag. Ms.

1004. — Portrait du pape Pie VII. *Annales des sciences, littérature et des Arts.* 5 pag. Ms.

1005. — Portrait de Pie VII peint d'après nature par Wicar et gravé par Contardi, à Paris chez Fatout. [Signé: Louis Aubert.] 3 pag. Ms.

1006. — Visite du pape à la manufacture des Gobelins. *Nouvelles des Arts.* 1805. 5 pag. Ms.

1007. — Visite du pape à la manufacture des glaces. 1805. 2 pag. Ms.

1008. — Liste exacte par ordre alphabétique des peintres nommés par Buonaparte pour exécuter les portraits en pied d'un certain nombre de grands personnages. 1805. [Signé L. M.] pag. Ms.

1009. — Notice de Tableaux dont plusieurs ont été recueillis à Parme et à Venise, exposés dans le grand Salon du musée Napoléon, ouvert le 27 Thermidor an XIII.

(15 aout 1805). Paris, de l'Imprimerie des Sciences et Arts. In-12 de 19 pag. et 32 numéros.

1010. — Exposition des Tableaux des maitres anciens, grand Salon du musée Napoléon. *Journal de l'empire*, ci-devant *Journal des Débats*. [Signé: M. B.] 34 pag. Ms.

1011. — Exposition des Tableaux des peintres anciens dans le grand Salon du musée Napoléon, du 15 aout 1805. *Annales des sciences, de la littérature et des arts.* 14 · pag. Ms.

1012. — Exposition du monument du général Desaix exécuté par monsieur Moitte pour être placé dans une des chapelles de l'église des moines du mont Saint-Bernard. *Annales des sciences, de la littérature et des arts.* 1805. 6 pag. Ms.

1013. — Notice des Tableaux des écoles flamande et hollandaise exposés rue S¹-Honoré, hôtel de Virginie, n° 350, près la place Vendôme. Paris, Debray. Janvier 1806. In-12 de 53 pag. et 86 numéros.

1014. — Tableaux de la rue Saint-Honoré. (Tableaux mentionnés dans la notice précédente). *Journal de Paris* 10 pag. Ms.

1015. — L'Avénement de S. M. l'Empereur. Tableau allégorique par monsieur Regnault et actuellement placé dans l'une des salles du Sénat conservateur. *Journal de l'Empire.* 16 pag. Ms.

1016. — Triomphe de Napoléon au Temple de l'Immortalité. *Nouvelles des Arts.* 11 pag. Ms.

1017. — Tableau représentant le Triomphe allégorique de S. M. l'Empereur, par monsieur Regnault. *Gazette de France.* [Signé: A. D.] 13 pag. Ms.

1018. — Le héros Napoléon reçoit des mains de la France la Couronne Impériale. Tableau allégorique. 1806. 9 pag. Ms. [Ces observations sont de M. Ro...]

1019. — Exposition dans l'église S¹-Roch d'un Christ

par monsieur Serangeli. *Journal de l'empire.* [Signé : M. B.]
15 pag. Ms.

1020. — Jésus-Christ sur la Croix, tableau de monsieur Serangeli destiné pour la ville de Lyon et exposé
dans la nef de la paroisse Sᵗ-Roch. 1806. 5 pag. Ms.

1021. — Le Jugement dernier d'après Michel-Ange
avec ses penditifs. Gravure au trait. On a mis en tête le
portrait du peintre et une notice historique de sa vie.
1806. [Signé : M. B.] 22 pag. Ms.

1022. — Découverte d'un tableau du Corrège. 1806. 19
pag. Ms.

TOME XXXVII.

1023. — Musée Napoléon (Avis relatif à l'exposition
qui doit s'ouvrir le 15 septembre 1806). 2 pag. Ms.

1024. — Annonce de l'exposition de Tableaux en 1806.
3 pag. Ms.

1025. — Explication des ouvrages de peinture, sculpture, architecture et gravure des artistes vivans exposés
au musée Napoléon le 15 septembre 1806. Paris, imprimerie des sciences et des arts. 1806. In-12 de 128 pag.
et 705 numéros.

1026. — L'Observateur au musée Napoléon ou la critique des Tableaux en Vaudeville. Paris, Imp. Mᵐᵉ
Labarre. 1806. In-12 de 36 pag. fig.

1027. — Observations critiques de M. Vautour sur
l'exposition des Tableaux de l'an 1806 par M. Lambin.
Paris, chez les marchands de nouveautés. In-12 de 24
pag.

1028. — Arlequin au muséum. Paris, Gauthier. An
1806. In-12 de 34 pag.

1029. — Arlequin au muséum ou critique en Vaudeville des Tableaux exposés au Salon. Paris, imp. Brasseur ainé. 1806. In-12 de 72 pag.

1030. — Avis sur le second Arlequin au muséum. 2 pag. Ms.

1031. — Sur l'Arlequin du muséum au journaliste. 3 pag. Ms.

1032. Le flaneur au Salon ou Mr Bon-homme. Examen joyeux des tableaux mêlé de Vaudevilles. Paris, Aubry, s. d. In-8° de 32 pag.

1033. — La lorgnette du Salon de 1806 par un Amateur. Paris, imp. Lefebvre. In-8° de 8 pag.

1034. — Second coup de la lorgnette au Salon. Paris, imp. Lefebvre. In-8° de 8 pag.

1035. — Lettres impartiales sur les expositions de l'an 1806 par un amateur. Paris, Aubry et Petit. In-8° de 64 pag.

1036. — La Critique des Critiques du Sallon de 1806. Etrennes aux connaisseurs. Paris, Firmin Didot, janvier 1807. In-8° de 42 pag.

1037. — Observations sur cet écrit. *Petites Affiches.* 6 pag. Ms.

1038. — La Critique des Critiques du Salon de 1806. Etrennes aux Connaisseurs. *Journal de l'Empire.* [Signé: N.] 38 pag. Ms.

1039. — Salon de l'an 1806. 255 pag. Ms.

TOME XXXVIII.

1040. — Salon de 1806. *Journal de la Revue philosophique.* 297 pag. Ms.

1041. — Lettre de M. Girodet aux rédacteurs du *Journal de Paris*, 1806. 7 pag. Ms.

1042. — Salon de 1806. *Journal de Paris.* 46 pag. Ms.

1043. — Le Glaneur. *Journal de Paris*. Glanage dans le Salon. 46 pag. Ms.

1044. — Troisième écrit sur le Salon de 1806 inséré dans le *Journal de Paris*. [Signé : A. M.] 4 pag. Ms.

1045. — Autre écrit aux rédacteurs du *Journal de Paris*. 19 pag. Ms.

1046. — Aux rédacteurs du *Journal de Paris*. Critique d'un article sur le salon publié dans le *Journal de l'Empire*.) [Signé : Laucher.] 7 pag. Ms.

1047. — Lettre sur le Salon de 1806. *Journal des Archives littéraires* ou mélanges de littérature, d'histoire et de philosophie. [Signé : F. C.] 102 pag. Ms.

1048. — Seconde lettre sur le Salon de 1806, à Madame.... (par M. de Clarac). 94 pag. Ms.

1049. — Salon de peinture de 1806. *Journal du publiciste*, 2 octobre 1806. [Signé : D. B.] 9 pag. Ms.

1050. — Secondes observations sur le Salon de 1806. *Journal du publiciste*. 13 pag. Ms.

1051. — Sur le Salon. *(Journal du publiciste.)* 77 pag. Ms.

1052. — Autres observations sur le Salon. *Journal du publiciste*, 27 octobre 1806. 12 pag. Ms.

TOME XXXIX.

1053. — Le Pausanias français. Etat des arts du dessin en France à l'ouverture du xix° siècle. Salon de 1806, ouvrage dans lequel les principales productions de l'école actuelle sont classées, expliquées, analysées, à l'aide d'un commentaire exact, raisonné..... publié par un observateur impartial. Paris, F. Buisson. 1806. In-8° de 533 pag. fig.

1054. — Jugement de cet ouvrage. *Journal de l'empire*, 8 décembre 1806. 19 pag. Ms.

1055. — Examen du Pausanias français. Salon de 1806. *Revue philosophique.* [Signé : J. G.] 16 pag. Ms.

1056. — Lettre de M. Landon sur l'examen du livre intitulé le Pausanias français. 11 pag. Ms.

TOME XL.

1057. — Expositions des ouvrages de peinture, sculpture, architecture et gravure des Artistes vivants. [Signé : A. D.] *Gazette de France.* 14 pag. Ms.

1058. — Suite de l'examen des tableaux [par Delasalle]. 153 pag. Ms.

1059. — Réflexions sur deux tableaux de M. Monsiau : *L'Assemblée chez Aspasie* et *le Poussin reconduisant le Cardinal Massini. Gazette de France.* 35 pag. Ms.

1060. — Sur la peinture en miniature et en émail à l'occasion de l'exposition de 1806. [Signé : L....]. 19 pag. Ms.

1061. — Salon de 1806. *Journal du Courrier français*, rue d'Enfer n° 9, (par M. Ponce, graveur). 71. pag. Ms.

1062. — Sur quelques critiques du Salon. Même *Journal du Courrier français.* [Signé : L ....] 8 pag. Ms.

1063. — Salon des Tableaux. *Journal des petites affiches de Paris.* Ducray-Duminil. 153 pag. Ms.

1064. — Observations sur les portraits de l'exposition de 1806. Même *Journal des petites affiches de Paris.* Ducray-Duminil. [Signé : L. C. C...] 6 pag. Ms.

1065. — Salon de 1806. 1er article. [Signé : C.] 7 pag. In-8°. Défait du *Mercure de France.*

1066. — Salon de 1806. 3e et dernier article. [Signé : C.] 7 pag. In-8°. Défait du *Mercure de France.*

1067. — Salon de 1806. 2e article. [Signé : C.] 6 pag. In-8°. Défait du *Mercure de France.*

1068. — A M. Denon, membre de l'Institut national... (sur le Salon de 1806). [Signé: Eugène Dandrée.] Paris, imp. Brasseur. In-8. de 16 pag.

1069. — Seconde lettre sur le Salon de 1806 à M. Denon. [Signé: Eug. Dandrée.] Paris, imp. Brasseur. In-8° de 11 pag.

1070. — Troisième lettre sur le Salon de 1806 à M. Denon. [Signé: Eug. Dandrée.] Paris, imp. Brasseur. In-8° de 18 pag.

1071. — Quatrième lettre sur le Salon de 1806 à M. Denon. [Signé: Eug. Dandrée.] In-8° de 19 pag.

1072. — Cinquième lettre sur le Salon de 1806 à M. Denon. [Signé: Eug. Dandréc.] Paris, imp. Brasseur. In-8° de 14 pag.

TOME XLI.

1073. — Le Salon de 1806. *Journal des Spectacles.* 19 pag. Ms.

1074. — Observation particulière sur le tableau de *la mort de Raphael* par M. Bergeret. *Journal des Spectacles.* [Signé: Alexandre de P......] 7 pag. Ms.

1075. — Salon de 1806. *Annales de l'Architecture et des Arts.* [Signé: J. J. Leuliette.] 12 pag. Ms.

1076. — Autre écrit sur cette exposition inséré dans le même journal. 3 pag. Ms.

1077. — Reflexions sur les objets d'architecture exposés au Salon le 15 septembre 1806. Même journal. 17 pag. Ms.

1078. — Salon de 1806. *Annales des sciences, de la littérature et des arts,* n° 20. 23 pag. Ms.

1079. — Salon de 1806. *Journal d'indications.* 12 pag. Ms.

1080. — Dernières observations sur cette exposition de 1806. 11 pag. Ms.

1081. — Distribution générale et annuelle des prix aux élèves des écoles spéciales ordonnée par l'arrêté du gouvernement du 30 fructidor an X (17 septembre 1802). 68 pag. Ms.

1082. — Distribution des prix de peinture, sculpture architecture, gravure et taille douce et de composition musicale. Institut national. 14 pag. Ms.

1083. — Concours ou exposition des projets faits par les élèves de l'école spéciale d'Architecture. *Annales de l'Architecture et des Arts.* [Signé: K. X. V.] 7 pag. Ms.

1084. — Jugement du concours de la tête d'expression fondé par M. de Caylus. 6 février 1806. 1 pag. Ms.

1085. — Jugement du Concours de la demi-figure peinte fondé par M. de Latour, peintre. 7 Aout 1806. 1 pag. Ms.

1086. — Notice des Travaux de la Classe des beaux-arts de l'Institut national depuis le premier Vendemiaire an XIV (23 septembre 1805), lûe dans la séance publique du 4 octobre 1806 par Joachim Le Breton, secrétaire perpétuel de la classe .... 66 pag. Ms.

1087. — Tableau des *Sabines* et *le portrait du Pape Pie VII* peints par M. David. *Annales de l'Architecture et des Arts.* 30 germinal an XIII (20 avril 1805). 11 pag. Ms.

1088. — Exposition du tableau du *Martyre de Saint Etienne*, exposé à Saint Séverin. *Journal des débats.* 6 pag. Ms.

1089. — Exposition du même tableau. *Journal d'indications.* [Signé: M...] 9 pag. Ms.

1090. — Exposition de Tableaux, rue du Coq-Saint-Honoré (chez Giroux). [Signé: M. B.] 17 pag. Ms

1091. — Exposition d'un tableau d'église rue du Bouloy, no 26. *Journal de l'Empire*, 1807. [Signé : M. B.] 7 pag. Ms.

1092. — Concours pour le grand prix de peinture. An 1807. [Signé : M. B.] 18 pag. Ms.

1093. — Concours pour le grand prix d'Architecture. [Signé : M. B.] 20 pag. Ms.

1094. — Concours pour le grand prix de Sculpture en 1807. [Signé : M. B.] 19 pag. Ms.

1095. — Instruction publique. (Discours prononcé par M. Arnault, membre de l'Institut et de la légion d'honneur, chef de la division de l'Instruction publique au ministère de l'Intérieur à la distribution générale des prix aux élèves des écoles de médecine et pharmacie, des Lycées et Prytanées, de l'école de peinture, sculpture et architecture et du conservatoire de musique le 21 aout 1807.) 63 pag. Ms.

1096. — Distribution des prix de peinture, sculpture, architecture, gravure et musique. Institut de France. *Moniteur*. 75 pag. Ms.

1097. — Distribution du prix fondé par M. de Caylus jugé le 9 février 1807. 1 pag. Ms.

1098. — Prix fondé par M. de La Tour donné le 1er aout 1807. 1 pag. Ms.

1099. — Tableau exposé dans l'église de l'Assomption dont le sujet est *la parabole du samaritain, du prêtre et du lévite. Journal de Paris*. 1807. 4 pag. Ms.

1100. — Exposition des quatre tableaux dans l'église de Saint-Sulpice. 1807. *Affiches de Rouen*. 12 pag. Ms.

1101. — Rapport sur la situation des beaux-arts depuis vingt ans. *Moniteur*. 98 pag. Ms.

1102. — Jugement sur ce rapport. *Journal de Paris*. 4 pag. Ms.

TOME XLII.

1103. — Catalogue des produits de l'industrie française

qui seront exposés, pendant les derniers jours de septembre 1806, dans les cent vingt-quatre portiques construits sur la place de l'hôtel impérial des Invalides et dans plusieurs salles de l'hôtel de l'administration des Ponts et Chaussées avec les noms et demeures des fabricans et des artistes admis à l'exposition, imprimé par ordre de S. E. le ministre de l'Intérieur. Paris, imp. Impériale. Septembre 1806. In-8° de 63 pag.

1104. — Décret du 15 février 1806 concernant une exposition générale et publique de tous les produits de l'Industrie. 15 pag. Ms.

1105. — Avertissement nécessaire à lire (relatif à l'exposition de l'Industrie). 2 pag. Ms.

1106. — Notices sur les objets envoyés à l'exposition des produits de l'Industrie française, rédigées et imprimées par ordre de S. E. M. de Champagny, ministre de l'Intérieur. Paris, imp. Impériale. 1806. In-8° de 351 pag.

1107. — Exposition de 1806. — Rapport du Jury sur les produits de l'Industrie française présenté à S. E. M. de Champagny, ministre de l'Intérieur, précédé du procès-verbal des opérations du Jury. Paris, imp. Impériale. 1806. In-8° de 304 pag.

1108. — Collection des chefs-d'œuvre de l'Architecture des différens peuples exécutés en modèles sous la direction de L. F. Cassas ... décrite et analysée par J. G. Legrand. Paris, imp. Leblanc. 1806. In-8° de 196 et XXIV pag.

TOME XLIII.

1109. — Statues, bustes, bas-reliefs, bronzes et autres antiquités, peintures, dessins et objets curieux conquis par la Grande Armée, dans les années 1806 et 1807, dont l'exposition a eu lieu le 14 octobre 1807, premier anniversaire de la bataille d'Iéna. Paris, imp. Dubray. 1807. In-12 de 109 pag. et 710 numéros.

1110. — Exposition d'armures anciennes, grand salon du musée. 1807. *Journal de l'Empire*. [Signé: M. B.] 20 pag. Ms.

1111. — Exposition des monumens conquis par la Grande Armée durant les campagnes de 1806 et 1807. [Signé: M. B.] 100 pag. Ms.

1112. — Salle de Diane au Louvre. [Signé: M. B.] 22 pag. Ms.

1113. — Exposition des monumens conquis par la Grande Armée durant les campagnes de 1806 et 1807. *Journal de Paris*. 36 pag. Ms.

1114. — Musée Napoléon. Concours proposé pour un tableau de la bataille d'Iéna. 14 pag. Ms.

1115. — Sur les concours, à l'occasion du concours ouvert pour le tableau de la bataille d'Eylau. (par M. Ro...) *Journal de la Revue philosophique*. 1807. 17 pag. Ms.

1116. — Description du tableau représentant le Couronnement de leurs Majestés impériales et royales peint par M. David, peintre de leurs majestés. Ce tableau est exposé au musée Napoléon. Paris, Aubry, 1808. In-8° de 8 pag. Extrait du *Moniteur* du 16 janvier.

1117. — Nouvelle description du tableau exposé au musée Napoléon représentant le sacre de leurs Majestés impériales et royales peint par David, premier peintre de S. M. Paris, imp. Gauthier. 1808. In 8° de 8 pag.

1118. — Tableau du Couronnement par M. David, premier peintre de S. M. membre de l'Institut et de la Légion d'honneur. *Journal de l'Empire*. [Signé: M. B.] 23 pag. Ms.

1119. — Exposition publique du tableau du Couronnement par M. David, premier peintre de S. M., membre de la Légion d'honneur et de l'Institut. 22 pag. Ms.

1120. — Buonaparte va visiter le tableau du Couronnement. *Moniteur*. 12 pag. Ms.

1121. — Tableau du Sacre, par David. *Journal de Paris*. 1807. 6 pag. Ms.

1122. — Suite du tableau du Sacre. *Journal de Paris*. 4 pag. Ms.

1123. — Quatrième description du tableau du Sacre. *Journal de l'Architecture*. 18 mars 1808. 14 pag. Ms.

1124. — Nouvelle exposition de tableaux au Salon du Louvre en 1808. — Musée Napoléon. — Avis aux Artistes (relatif à l'ouverture du Salon le 14 octobre 1808). 4 pag. Ms.

1125. — Explication des ouvrages de peinture, sculpture, architecture et gravure des artistes vivans exposés au Musée Napoléon le 14 octobre 1808, second anniversaire de la bataille d'Iéna. Paris, imp. Dubray 1808. In-12 de 120 pag. et 834 numéros.

1126. — Tableaux commandés pour le gouvernement. *Journal de l'Empire*. 2 pag. Ms.

1127. — Les Tableaux en Vaudeville. Paris, octobre 1808. In-8° de 8 pag.

1128. — Grande Revue des Tableaux. en Vaudeville. 2me N°. Paris. Exposition d'octobre 1808. In-8° de 8 pag.

1129. — 3e Numéro de la Revue des Tableaux. Paris, Imp. Maudet. In-8° de 8 pag.

1130. — Le dire poétique au Salon ou sentiment sur le tableau représentant S. A. S. le Prince Archichancelier de l'Empire et duc de Parme occupé du Code Napoléon, par F. L. Darragon. Paris, imp. Ogier. 18 octobre 1808. In-8° de 4 pag.

1131. — Arlequin au Muséum, ou critique en Vaudeville des Tableaux du Salon. — Douzième année, N° 1er Paris, Imp. Brasseur. 1808. In-12 de 12 pag.

1132. — Arlequin au Muséum ou critique en Vaudeville des Tableaux du Salon. — Douzième année N° 2. Paris, Delaunay. 1808. In-12 de 12 pag.

1133. — Arlequin au Muséum, ou critique en Vaudeville des Tableaux du Salon. — Douzième année N° 3. Paris, Delaunay. 1808. In-12 de 24 pag.

1134. — Le nouvel Observateur au Musée Napoléon ou réflexions d'un amateur sur l'exposition de l'an 1808. Paris, Aubry. 1808. In-12 de 12 pag.

1135. — Revue des tableaux du Muséum par M. et Mme Denis et Benjamin, leur fils. Paris, Imp. Gauthier. 1808. In-12 de 12 pag.

1136. — Deuxième numéro. — L'Observateur au Muséum. Paris, imp. Gauthier. 1808. In-12 de 8 pag.

1137. — L'Observateur au Muséum. Paris, imp. Gauthier. 1808. In-12 de 24 pag.

1138. — Critique en Vaudevilles des tableaux du Muséum. Paris, imp. Morisset. In-8° de 8 pag.

1139. — Observations sur le Salon de l'an 1808. — N° Ier, Tableaux d'histoire. — Paris, V° Gueffier et Delaunay. In-12 de 48 pag.

1140. — L'Ombre du peintre Lebrun au Salon de 1808 par madame Azaïs. Paris, imp. Leblanc. 1808. In-8° de 7 pag.

1141. — Première journée d'Cadet Buteux au Salon de 1808. Paris, Aubry. 3 décembre 1808. In-8° de 8 pag.

1142. — Le Tableau Maternel ou la Reine de Naples au salon de peinture de 1808. Poème par François Louis D'Arragon. Paris, imp. Ogier. 7 décembre 1808. In-8° de 8 pag.

1143. — Examen critique et raisonné des tableaux des peintres vivans formant l'exposition de 1808. Paris, V° Hocquart. 1808. In-12 de 83 pag.

TOME XLIV.

1144. — Exposition des Tableaux en 1808. [Signé: A. P.] 134 pag. Ms.

1145. — Notice sur M. Canova, sur sa réputation, ses

ouvrages ét sa statue du Pugilateur, par M. Quatremère de Quincy, membre de l'Institut national. (21 juillet 1804.) s. l. ln-8° de 22 pag.

1146. — Exposition des ouvrages de peinture, sculpture, architecture et gravure des artistes vivants. [Signé : Q.... Z....] 379 pag. Ms.

1147. — Glaces peintes de monsieur Dilh. *Journal de l'Empire.* [Signé : M. B.] 21 pag. Ms.

1148. — (Autre article relatif aùx glaces de M. Dihl.) [Signé : M. B.] (suite de l'article précédent) 17 pag. Ms.

1149. — Salon des Tableaux. (Par M. Ro..) *Journal des petites affiches de Paris.* Ducret Duminil, rédacteur. 164 pag. Ms.

1150. — Exposition de Tableaux en 1808. Extrait de l'*Echo du Commerce, Journal d'Indication.* 23 pag. Ms.

TOME XLV.

1151. — *Journal des petites affiches de Paris*, rue Neuve-Saint Augustin. Salon d'exposition de 1808. 85 pag. Ms.

1152 — Exposition de 1808. *Moniteur Universel.* [Signé : E. Q. Visconti, membre de l'Institut.] 20 pag. Ms.

1153. — Sur Mr Canova et sur les quatre ouvrages qu'on voit de lui à l'exposition publique au salon du Louvre, par M. Quatremère de Quincy. 51 pag. Ms.

1154. — Salon de 1808. *Journal de l'Empire.* [Signé : M. B.] 388. pag. Ms.

1155. — Sur trois projets d'achèvement du Louvre exposés au Salon de 1808. 18 pag. Ms.

156. — Annonce d'une brochure intitulée : l'Ombre du peintre Lebrun au Salon de 1808, par madame Azaïs. 3 pag. Ms.

1157. — Salon de 1808. *Journal de l'Architecture, des Arts libéraux et mécaniques, des Sciences et de l'Industrie.* 130 pag. Ms.

TOME XLVI. — SUPPLÉMENT. TOME 1er.

En tête de ce premier volume se trouve la note suivante signée de M. Deloynes. « Monsieur Mariette, qui a commencé le premier à former cette collection, n'a pas jugé à propos, avant d'entreprendre cet ouvrage, de parler de l'origine des Arts de la peinture, de la sculpture, de la gravure, ni de l'architecture qui; depuis la Révolution française, en fait partie. Monsieur Cochin, de l'Académie royale de peinture, sculpture et gravure, qui a continué cet ouvrage jusqu'à sa mort arrivée le 29 avril 1790 n'a pas voulu non plus donner l'abrégé historique des Arts. J'ai cru qu'on ne serait pas fâché d'en avoir connoissance, et je le fais d'autant plus volontiers qu'ayant pour but mon instruction particulière, je pense que cette histoire des Arts qui aurait dû naturellement trouver sa place au commencement de cet ouvrage, ne sera cependant pas déplacée dans ce supplément qui forme lui-même plusieurs volumes et qu'il est permis à un continuateur de faire autrement que les personnes qui ont écrit avant lui.

« On trouvera donc dans ce supplément l'origine du dessin qu'on doit regarder, s'il m'est permis d'employer cette expression, comme le père des Arts; je parle ensuite de l'origine de la peinture chez les anciens et chez les modernes, puis de la sculpture; vient ensuite la gravure. Je suis entré dans un assez long détail sur cet art, et je n'ai pas craint de continuer à puiser dans les auteurs qui m'ont paru en avoir eu le plus de connoissance. Je finis par l'architecture.

« Pour terminer je joins un précis historique sur l'établissement de l'Académie royale de peinture, sculpture et gravure fondée en janvier 1648. Il se trouve dans un autre ouvrage dont je m'occupe présentement, tome cinq faisant suite à la vie des peintres par Monsieur Desallier Dargenville, maître des Comptes. Le quatrième volume de son ouvrage a paru en 1762. »   DELOYNES.

1158. — De l'origine de l'art et des causes de sa diversité chez les peuples qui l'ont cultivé. 11 pag. Ms.

1159. — Observations sur les Arts méchaniques, scientifiques et libéraux, de leur nécessité et utilité. 17 pag. Ms.

1160. — Origine du dessin. 15 pag. Ms.

1161. — Origine de l'architecture. 35 pag. Ms.

1162. — Origine de la peinture chez les anciens et chez les modernes. 84 pag. Ms.

1163. — Origine de la sculpture. 22 pag. Ms.

1164. — Origine de la sculpture. *Journal des bâtimens civils*. [Signé : C...]. 25 pag. Ms.

1165. — Dissertation sur l'origine de la gravure, de Monsieur le Baron d'Heineck en 1771 et de Monsieur Hubert en 1787. 101 pag. Ms.

1166. — Extrait sur la gravure, tiré en grande partie du discours préliminaire du dictionnaire biographique des graveurs, écrit en anglais par Monsieur Strutt, graveur. (Cet article est de M. Chereau, graveur). 34 pag Ms.

1167. — Notes historiques sur la gravure et sur les graveurs. 1775. (Ces notes sur les graveurs tirées du portefeuille d'autres habiles artistes étaient destinées à un ouvrage en forme de lettres où il était pareillement traité des autres arts; elles n'y ont pas servi, c'est pourquoi on en fait usage ici comme contenant des réflexions qui peuvent être utiles. 20 pag. Ms.

1168. — Découverte d'un procédé de gravure au lavis par Monsieur Leprince, peintre du Roi. 1780. 7 pag. Ms.

1169. — Découverte d'un procédé de gravure en lavis par Monsieur Leprince, peintre du Roi, proposé par souscription. 17 juillet 1780. Prospectus. 11 pag. Ms.

1170. — Essai sur l'origine et les avantages de la

gravure, lu à la séance publique de la société libre des Sciences, Arts et Belles-Lettres de Paris, le 9 vendémiaire de l'an VI par Charles Etienne Gaucher. In-8° de 11 pag.

1171. — Précis historique sur l'établissement de l'Académie royale de peinture, de sculpture et de gravure fondée dans le mois de janvier 1648. 100 pag. Ms.

1172. — Distribution de prix à l'Académie royale de peinture et de sculpture en 1678. 9 pag. Ms.

1173. — Distribution des prix de l'Académie de peinture et de sculpture. 10 octobre 1682. 7 pag. Ms.

1174. — Réception de M. Guillet de Saint-Georges en qualité d'historiographe à l'Académie royale de peinture et de sculpture. 1682. 5 pag. Ms.

1175. — Nomination de M. Louvois à la place de protecteur de l'Académie de peinture et sculpture, et distribution de prix. 1683. 21 pag. Ms.

1176. — Distribution de prix à l'Académie de peinture. 1684. 1 pag. Ms.

1177. — Distribution de prix à l'Académie de peinture. Septembre 1684. 9 pag. Ms.

1178. — Tableaux faits pour le Roi par Messieurs Lebrun et Mignard. 1685. 3 pag. Ms.

1179. — Distribution de prix à l'Académie royale de peinture. 1686. 9 pag. Ms.

1180. — Nomination de M. Mansard à la place de surintendant des bâtimens du Roi et de protecteur de l'Académie de peinture et de sculpture. 1699. 8 pag. Ms.

1181. — Distribution de prix à l'Académie de peinture et de sculpture. 1700. 8 pag. Ms.

1182. — Distribution de prix à l'Académie de peinture et de sculpture. 1707. 5 pag. Ms.

1183. — Nomination de M. d'Antin à la place de protecteur de l'Académie, et distribution de prix. 1708. 12 pag. Ms.

1184. — Réception d'académicien et d'académiciennes. 1722. 6 pag. Ms.

1185. — Exposition à la place Dauphine le jour de la fête-Dieu. 1722. 2 pag. Ms.

1186. — Distribution de prix à l'Académie de peinture et de sculpture. 30 avril 1723. 1 pag. Ms.

1187. — Distribution de prix à l'Académie de peinture et de sculpture. 1723. 2 pag. Ms.

1188. — Exposition de tableaux à la place Dauphine le jour de la petite fête-Dieu. Juin 1724. 4 pag. Ms.

1789. — Exposition de tableaux à la place Dauphine en 1725. 7 pag. Ms.

1190. — Exposition des tableaux des peintres de l'Académie au grand Salon du Louvre. 1725. 25 pag. Ms.

1191. — Prix proposé par le Roi à l'Académie de peinture. 1726. 1 pag. Ms.

TOME XLVII. — SUPPLÉMENT. TOME II.

1192. — Premier prix de peinture remporté à Rome par un Français. Juillet 1727. 3 pag. Ms.

1193. — Prix de peinture donné par le Roi. Juillet 1727. 14 pag. Ms.

1194. — La poésie à la peinture, au sujet d'un tableau de Monsieur Largillière (le Christ mourant). Mars 1727. 4 pag. Ms.

1195. — A M. de Largillière, recteur de l'Académie royale de peinture et de sculpture. Copie de son (Christ mourant). 9 pag. Ms.

1196. — Exposition de tableaux à la place Dauphine le jour de la fête-Dieu. 1732. 4 pag. Ms.

1197. — Exposition à la place Dauphine le jour de la petite fête Dieu. 1734. 2 pag. Ms.

1198. — Description abrégée des tableaux exposés à l'Académie de peinture et de sculpture. 2 Juillet 1735. 7 pag. Ms.

1199. — Distribution de prix faite à l'Académie royale de peinture et de sculpture. 1735, 27 août. 1 pag. Ms.

1200. — Exposition de l'Académie royale de peinture et de sculpture. 1736. 2 pag. Ms.

1201. — Discours prononcé à l'Académie royale de einture et de sculpture le 4 mai 1737, par M. Lépicié, graveur ordinaire du Roi, après avoir prêté le serment ordinaire sur la place de secrétaire et historiographe de cette Académie, vacante par la mort de Monsieur de Saint-Gelais arrivée le 23 avril 1737, dans la soixante-huitième année de son âge. 2 pag. Ms.

1202. — Exposition de tableaux et nomination de nouveaux officiers à l'Académie royale de peinture et de sculpture. 6 juillet 1737. 3 pag. Ms.

1203. — Exposition de tableaux, dessins, sculptures, gravures et autres ouvrages des peintres, sculpteurs et graveurs de l'Académie royale de peinture et sculpture. 1737. *Mercure de France.* 11 pag. Ms.

1204. — Vers sur les tableaux exposés à l'Académie royale de peinture, au mois de septembre 1737. [Signé : Gresset]. Paris. Prault, 1737. In-12 de 5 pag.

1205. — Réponse aux vers de M. Gresset sur les tableaux exposés à l'Académie Royale de peinture, au mois de septembre 1737. Paris, Jacq. Nic. Le Clerc. 1737. In-8° de 11 pag. (la 11° page est manuscrite).

1206. — Critique des vers de Gresset sur cette exposition. (par l'abbé Desfontaines.) 1737, 12 pag. Ms.

1207. — Exposition des tableaux, sculptures et autres ouvrages de Messieurs les peintres, sculpteurs et graveurs de l'Académie royale établie à Paris sous la protection du Roi, 1738. *Mercure de France.* 17 pag. Ms.

1208. — Exposition des peintures, sculptures et gravures tirées des *Observations sur les écrits modernes*. *1738* (Les Observations sur les écrits modernes par l'abbé Desfontaines ont commencé en 1735 et ont fini en 1743, d'après l'arrêt du Conseil du 6 septembre audit an qui les supprime) 14 pag. Ms.

1209. — Exposition des tableaux, sculptures, gravures, dessins et autres ouvrages de l'Académie royale de peinture et sculpture établie à Paris sous la protection du Roi. 6 septembre 1739. *Mercure de France*. 11 pag. Ms.

1210. — Exposition de peintures, sculptures et gravures tirée des *Observations sur les écrits modernes* par l'abbé Desfontaines. 1739. 12 pag. Ms.

1211. — Exposition de tableaux au Louvre le 22 aout 1740. *Mercure de France*. 10 pag. Ms.

1212. — Exposition de peintures, sculptures et gravures tirée des *Observations sur les écrits modernes* de l'abbé Desfontaines. 1740. 11 pag. Ms.

1213. — Distribution des prix à l'Académie royale de peinture et sculpture. 1740. 1 pag. Ms.

1214. — Exposition de tableaux, sculptures et gravures du 1er septembre 1741. *Mercure de France*. 14 pag. Ms.

1215. — Exposition des peintures, sculptures et gravures tirée des *observations sur les écrits modernes*, par l'abbé Desfontaines. 1741. 12 pag. Ms.

1216. — Exposition de tableaux, sculptures et gravures au Salon du Louvre, le 25 août 1742. *Mercure de France*. 8 pag. Ms.

1217. — Exposition des peintures, sculptures et gravures tirée des *Observations sur les écrits modernes* de l'abbé Desfontaines. 1742. 9 pag. Ms.

1218. — Vers de Mr de Bonneval à son Excellence Saïd Pacha, ambassadeur extraordinaire du Grand Seigneur. 2 pag. Ms.

1219. — Lettre au sujet du portrait de son Excellence Saïd-Pacha, ambassadeur extraordinaire du Grand Seigneur à la Cour de France, en 1742, exposé au Salon du Louvre le 25 août de la même année. Paris, Prault. 1742. In-12 de 18 pag.

1220. — Jugement de la lettre sur le portrait de l'Ambassadeur Turc, par l'abbé Desfontaines. 1742. 3 pag. Ms.

1221. — Exposition de tableaux, sculptures et gravures au Salon du Louvre, le 5 août 1743. *Mercure de France.* 13 pag. Ms.

1222. — Exposition des peintures, sculptures et gravures tirée des *Observations sur les écrits des modernes* par l'abbé Desfontaines. 1743. 5 pag. Ms.

1223. — Exposition de tableaux, sculptures et gravures au Salon du Louvre le 25 août 1745. *Mercure de France.* 8 pag. Ms.

1224. — Exposition de peintures, sculptures et gravures le 25 août 1746. *Mercure de France.* 6 pag. Ms.

1225. — Lettre à Mr de la Tour par M. de Bonneval, (relative aux peintures de cet artiste), du 21 septembre 1746. 5 pag. Ms.

1226. — Exposition de peintures, sculptures et gravures au Salon du Louvre. 1747. *Mercure de France.* 8 pag. Ms.

1227. — Lettre à Monsieur des Alliers d'Argenville, Maître des Comptes, de l'Académie royale des Sciences de Montpellier, au sujet d'un tableau appartenant au Roi et dont il parle dans son ouvrage de la vie des peintres. Paris, 20 décembre 1747. In-12 de 24 pag.

1228. — Réception de M. de Tournehem, (à l'Académie royale de peinture et de sculpture). Juillet 1747. 33 pag. Ms.

1229. — Exposition de peintures, sculptures et gravures. 25 août 1748. *Mercure de France.* 12 pag. Ms.

1230. — Le Singe. Lettres hieroglifiques. 1748. 24 pag. Ms.

1231. — Ode à Mr Oudry, peintre du Roi. 1749. par M. Clément, chanoine de St Louis du Louvre. 5 pag. Ms.

1232. — Réponse à la lettre de M. de *** En France. 1749. [Signé : D* P*]. In-12 de 32 pag.

1233. — Distribution de prix à l'Académie royale de Peinture, 5 septembre 1750. 2 pag. Ms.

1234. — Tableaux et Tapisseries exécutés pour le Roi. 1751. 6 pag. Ms.

1235. — Lettre à l'Auteur du Mercure au sujet d'une brochure sur le Salon de 1751. 1 pag. Ms.

1236. — Remercîment à M. B..... auteur des lettres sur la peinture vulgairement apellées la Critique du Sallon et imprimées à Genève en 1750 par M. Z.... peintre de l'Académie de Saint-Luc. 1751. 30 pag. Ms.

1237. — Distribution de prix faite aux élèves protégés par le Roi. 1751. 2 pag. Ms.

1238. — Distribution de prix à l'Académie de peinture et de sculpture. 1752. 2 pag. Ms.

1239. — Le Roi protecteur de l'Académie de peinture et de sculpture. Ode par Mr Desportes, de l'Académie royale de peinture et de sculpture. 1752. 5 pag. Ms.

1240. — Exposition des peintures, sculptures et gravures tirée de l'*Année littéraire* de Fréron. 1753. 32 pag. Ms.

1241. — Jugement de Monsieur Fréron sur l'écrit de Monsieur Lafont de Saint Yenne intitulé : Sentimens sur quelques ouvrages de peinture, sculpture et gravure exposés au Salon de 1753. 13 pag. Ms.

1242. — Explication des ouvrages de peinture et de sculpture faits pendant 1752 par les élèves protégés et présentés au Roi le 3 février 1753 à Versailles, par M. de Vandières, directeur et ordonnateur général des bâtimens. 3 pag. Ms.

1243. — Distribution de prix à l'Académie royale de peinture et de sculpture. 1753. 2 pag. Ms.

1244. — La grande Galerie de Versailles et les deux Salons qui l'accompagnent, peints par Charles Lebrun, premier peintre de Louis XIV, dessinés par Jean Baptiste Massé, peintre et conseiller de l'Académie royale de peinture et de sculpture, et gravés sous ses yeux par les meilleurs maîtres du temps. 1753. 16 pag. Ms.

1245. — Jugement de Monsieur Fréron sur un écrit intitulé : Lettre sur le Salon de 1755. adressée à ceux qui la liront. 13 pag. Ms.

1246. — Réflexions sommaires sur les ouvrages exposés au Louvre. 1755. *Mercure de France*. 17 pag. Ms.

1247. — Lettre d'un particulier à un de ses parens, peintre en province, sur le Salon. 19 septembre 1755. 31 pag. Ms.

1248. — Distribution de prix à l'Académie royale de peinture et de sculpture. 1755. 3 pag. Ms.

1249. — Description d'un tableau représentant le sacrifice d'Iphigénie par Carle Vanloo. Vve Duchesne 1757. 15 pag. Ms.

1250. — Observations des tableaux exposés au Louvre en 1757. *Mercure de France*. 26 pag. Ms.

1251. — Exposition de peintures, sculptures et gravures, tirée du *Journal encyclopédique*, 1757. 18 pag. Ms.

1252. — Sentiment d'un amateur sur les *forges de Vulcain*, nouveau tableau de M. Boucher qui vient d'être exposé au Louvre en 1757. 4 pag. Ms.

1253. — Lettre de M. Cochin à M. de Boissy au sujet de M. Vanloo, concernant l'exposition de 1757. 3 pag. Ms.

1254. — Description pittoresque du monument érigé en l'honneur du cardinal de Fleury, ouvrage de M. Lemoyne, sculpteur de Sa Majesté et recteur de son Académie royale de peinture et de sculpture. 1758. [Signé : Dandré-Bardon]. 12 pag. Ms.

1255. — Vers sur le tombeau du cardinal Fleury, fait par M. Lemoyne. 1768. 2 pag. Ms.

1256. — Exposition de nouveaux ouvrages de peinture, de sculpture et de gravure dans le grand Salon du Louvre. 1759. 15 pag. Ms.

1257. — Exposition des peintures, sculptures et gravures du Salon. *Année littéraire.* 1759. 22 pag. Ms.

1258. — Lettre sur l'exposition des peintures, sculptures et gravures du Salon du Louvre de 1759. *Journal encyclopédique.* 38 pag. Ms.

1259. — Observations sur l'exposition des peintures, sculptures et gravures du Salon du Louvre, tirées de l'*Observateur littéraire.* 1759. 79 pag. Ms.

1260. — Réponse de M. C.... à des observations d'amateurs insérées dans l'*Observateur littéraire.* 1759. 16 pag. Ms.

1261. — Exposition des peintures, sculptures et gravures tirée de la *Feuille nécessaire.* 1759. 10 pag. Ms. (Ce journal a paru pour la première fois en cette année. Mais en 1760, M. de la Combe, libraire, qui en est l'auteur, en a changé le nom et l'a fait paraître sous celui d'*Avant-Coureur* jusqu'en 1773 qu'il n'a plus eu lieu.)

1262. — Lettre aux rédacteurs de ce journal. (relative à l'exposition de 1759). 7 pag. Ms.

1263. — Réponse à cette lettre faite par les rédacteurs du journal. 5 pag. Ms.

1264. — Distribution de grands prix. 1759. 1 pag. Ms.

1265. — Exposition de tableaux à la place Dauphine le jour de la petite fête-Dieu, tirée de la *Feuille nécessaire.* 1759. 3 pag. Ms.

1266. — Lettre d'un artiste sur le tableau de Mademoiselle Clairon (par Carle Vanloo). 1759. 15 pag. Ms.

1267. — Portrait de Mademoiselle Clairon, par Carle Vanloo. 1759. 3 pag. Ms.

TOME XLVIII — SUPPLÉMENT. TOME III.

1268. — Distributiou de prix à l'Académie royale de peinture et de sculpture. 1760. 1 pag. Ms.

1269. — Exposition de tableaux à la place Dauphine le jour de la petite fête-Dieu, tirée de l'*Avant-Coureur*. 1760. 9 pag. Ms.

1270. — Exposition des peintures, sculptures et gravures au Salon du Louvre. 1761. *Mercure de France.* 52 pag. Ms.

1271. — Vers sur l'exposition des tableaux au Salon du Louvre en 1761. 4 pag. Ms.

1272. — Exposition de peintures, sculptures et gravures. *Année littéraire.* 1761. 34 pag. Ms.

1273. — Exposition de peintures, sculptures et gravures. *Journal encyclopédique.* 1761. 41 pag. Ms.

1274. — L'Accordée de Village, conte moral dont l'idée est prise du tableau de Monsieur Greuze, par M. l'abbé Aubert. 6 pag. Ms.

1275. — Le Correctif au sujet d'une brochure sur l'exposition de 1761. *Observateur littéraire.* 10 pag. Ms.

1276. — Exposition de peintures, sculptures et gravures, tirée de l'*Avant-Coureur.* 1761. 24 pag. Ms.

1277. — Supplément à l'article du Salon tiré de l'*Observateur littéraire.* 1761. 3 pag. Ms.

1278. — Ode sur le Salon. 1761. 5 pag. Ms.

1279. — Lettre à un amateur au sujet des tableaux de Monsieur Bachelier représentant *les quatre parties du monde.* 1761. [Signé : D. B.]. 37 pag. Ms.

1280. — Observations sur l'exposition des tableaux à la place Dauphine, tirées de l'*Observateur littéraire*. 1761. 7 pag. Ms.

1281. — Exposition de Tableaux à la place Dauphine tirée de l'*Avant-Coureur*. 1761. 8 pag. Ms.

1282. — Exposition de Tableaux à la place Dauphine. *Avant-Coureur*. 1762. 2 pag. Ms.

1283. — Ouvrages de sculpture de l'exposition au Louvre en 1763. 18 pag. Ms.

1284. — Vers sur le portrait du Roi exposé au Salon de 1763, par Madame Guibert. 1 pag. Ms.

1285. — Exposition de peintures, sculptures et gravures. *Avant-Coureur*. 1763. 10 pag. Ms.

1286. — Exposition de peintures, sculptures et gravures. *Année littéraire*. 1763. 44 pag. Ms.

1287. — Exposition de peintures, sculptures et gravures. *Journal encyclopédique*. 1763. 48 pag. Ms.

1288. — Epitre à Monsieur Greuze sur son tableau de la *piété filiale* par Mr du Rozoy. 5 pag. Ms.

1289. — Lettres sur le Salon de M DCCLXIII. Lettre sur les Arts écrite à Monsieur d'Yfs de l'Académie royale des belles-lettres de Caen par M. Du P..... Académicien associé. Paris, 25 septembre 1763. In-12 de 64 pag.

1290. — Etrennes à Monsieur Vernet, peintre du Roi, par son admirateur et son ami. 6 pag. Ms.

1291. — Vers au même. 4 pag. Ms.

1292. — Exposition de Tableaux à la place Dauphine. *Avant-Coureur*. 1764. 1 pag. Ms.

1293. — Observations sur les ouvrages de peinture, de sculpture, etc., exposés au Louvre en 1765. *Mercure de France*. 93 pag. Ms.

1294. — Exposition de peintures, de sculptures et de gravures. *Année littéraire*. 1765. 48 pag. Ms.

1295. — Exposition des peintures, sculptures et gravures. *Journal encyclopédique*. 1765. 72 pag. Ms.

1296. — Exposition de peintures, sculptures et gravures. *Avant-Coureur*. 1765. 32 pag. Ms.

TOME XLIX. — SUPPLEMEMT TOME IV.

1297. — Observations sur les peintures, sculptures et gravures exposées au Salon le 25 août 1767. *Mercure de France*. 17 pag. M s.

1298. — Suite des mêmes observations. 47 pag. Ms.

1299. — Exposition des peintures, sculptures et gravures. *Année littéraire*. 1767. 71 pag. Ms.

1300. — Exposition des peintures, sculptures et gravures. *Journal encyclopédique*. 1767. 46 pag. Ms.

1301. — Exposition des peintures, sculptures et gravures. *Avant-Coureur*. 1767. 47 pag. Ms.

1302. — Lettres sur les peintures, sculptures et gravures exposées au Salon du Louvre en 1767 (par Monsieur Mathon de la Cour qui, voulant solliciter une place à l'Académie des Inscriptions, n'a donné que cette première lettre dans la crainte de se faire des ennemis). 31 pag. Ms.

1303. — Exposition des ouvrages des élèves de l'Académie. *Avant--Coureur*. 1767. 6 pag. Ms.

1304. — Exposition de Tableaux à la place Dauphine. *Avant-Coureur*. 1767. 3 pag. Ms.

1305. — Tombeau de Monseigneur le Dauphin et de Madame la Dauphine. (par Coustou) 1768. 2 pag. Ms.

1306. — Eclaircissemens sur le Mausolée de Mgr. le Dauphin et de son épouse. 2 pag. Ms.

1307. — Réflexions sur le monument de feu Mgr. le Dauphin exécuté par Monsieur Coustou, sculpteur du Roi, recteur et trésorier de son Académie de peinture et

9

sculpture, chevalier de ses ordres, mort en juillet 1777.
5 pag. Ms.

1308. — Prix des peintures et des sculptures exposées
au Louvre le 25 août 1768. 7 pag. Ms.

1309. — Exposition des ouvrages des élèves de l'Académie royale. Samedi 26 novembre 1768. 5 pag. Ms.

1310. — Exposition de Tableaux à la place Dauphine.
Avant-Coureur. 1768. 3 pag. Ms.

1311. — Exposition de Tableaux et de dessins à la
place Dauphine. *Avant-Coureur*. 1769. 5 pag. Ms.

1312. — Réflexions sur les critiques qui ont paru sur
cette exposition. 1769. *Avant-Coureur*. 8 pag. Ms.

1313. — Exposition des peintures, sculptures et gravures de Messieurs de l'Académie royale dans le Salon
du Louvre, 1769. *Mercure de France*. (par Mr Des Boulmiers, ancien capitaine de cavalerie.) 52 pag. Ms.

1314. — Réflexions sur la critique, par rapport à l'art
de la peinture. 1769. [Signé: B...] 6 pag. Ms.

1315. — Lettre sur l'exposition des ouvrages de peinture et de sculpture au Sallon du Louvre. 1769. A Rome,
et se trouve à Paris chez Vente. 1769. In-12 de 52 pag.

1316. — Exposition de tableaux et de dessins à la place
Dauphine. *Avant-Coureur*. 1770. 8 pag. Ms.

1317. — *L'Avant-Coureur*. 1771. Exposition au Sallon
du Louvre des peintures, sculptures et gravures de
M.M. de l'Académie royale. 19 pag. [Défait.]

1318. — Exposition au Salon du Louvre des peintures,
sculptures et gravures de Messieurs de l'Académie royale
1771. 40 pag. Ms.

1319. — Exposition des peintures, sculptures et gravures. *Année littéraire*. 1771. 35 pag. Ms.

1320. — Exposition des peintures, sculptures et gravures. *Journal encyclopédique*. 1771. 47 pag. Ms.

1321. — Exposition de Tableaux et dessins à la place
Dauphine. *Avant-Coureur*. 1771. 5 pag. Ms.

1322. — Observations sur les critiques qui ont paru sur cette exposition. *Avant-Coureur*. 1771. 3 pag. Ms.

1323. — Peinture de la Coupole de la Chapelle de Saint Grégoire de l'hôtel royal des Invalides (par Doyen 1771.) 21 pag. Ms.

1324. — Observations de Monsieur de La Lande sur le Mausolée du maréchal de Turenne. *Mercure de France*. Juillet 1772. 9 pag. Ms.

1325. — Exposition de Tableaux et dessins à la place Dauphine. *Avant-Coureur*. 1772. 5 pag. Ms.

1326. — Exposition de peintures, sculptures et gravures. *Année littéraire*. 1773. 43 pag. Ms.

1327. — Exposition de peintures, sculptures et gravures. *Journal encyclopédique*. 1773. 21 pag. Ms.

1328. — Exposition au Salon du Louvre des peintures, sculptures et gravures de Messieurs de l'Académie. *Avant-Coureur*. 1773. 22 pag. Ms.

1329. — Le devidoir du Palais-Royal etc. — Vision du juif Ben-Esron. etc — Eloge des Tableaux etc. — (Critique de ces critiques) 5 pag. Ms.

1330. — Exposition de Tableaux et de dessins à la place Dauphine. *Avant-Coureur*. 1773. 4 pag. Ms.

1331. — Lettre de M. Linguet à M. Fréron au sujet d'un mot mis dans l'inscription de la statue de Louis XV. Janvier 1773. 21 pag. Ms.

1332. — Exposition des peintures, sculptures et gravures. *Journal encyclopédique*. 1775. 20 pag. Ms.

1333. — Exposition des peintures, sculptures et gravures. *Année littéraire*. 1777. 76 pag. Ms.

1334. — Exposition des peintures, sculptures et gravures : *Journal encyclopédique*. 1777. 28 pag. Ms.

1335. — Description du mausolée de M. le maréchal de Saxe. 1777. 4 pag. Ms.

TOME L. — SUPPLÉMENT. TOME V.

1336. — Exposition des peintures, sculptures et gravures. *Année littéraire.* 1779. 88 pag. Ms.

1337. — Exposition des peintures, sculptures et gravures. *Journal encyclopédique.* 1779. 7 pag. Ms.

1338. — Vers adressés à M. Houdon sur le beau idéal. 1780. [par M. le Baron de T....]. 9 pag. Ms.

1339. — Exposition des ouvrages de peinture, sculpture et gravure exposés au Salon du Louvre en 1781. *Mercure de France.* 53 pag. Ms.

1340. — Tableau historique des quatre grands hommes exposés au Salon du Louvre en 1781. 6 pag. Ms.

1341. — Exposition des peintures, sculptures et gravures. *Journal encyclopédique.* 1781. 61 pag. Ms.

1342. — Extrait d'un remerciement d'un bonhomme Piémontois à Monsieur.... avocat au parlement, de plusieurs Académies de France et des Arcades de Rome, par M. Gaziel, citoyen de Turin, membre d'aucune Académie. (Critique du salon de 1781.) 6 pag. Ms.

1343. — Exposition des peintures, sculptures et gravures. *Journal encyclopédique.* 1783. 46 pag. Ms.

1344. — Lettre aux auteurs du *Journal encyclopédique* concernant des observations qu'on leur adresse sur quelques tableaux exposés au Salon en 1785. 2 pag. Ms.

1345. — Observations de M. le marquis de S..... capitaine de cavalerie, sur quelques tableaux exposés cette année au Salon. 46 pag. Ms.

1346. — Vers à Madame Lebrun sur les critiques imprimées lors de l'exposition des tableaux du Louvre en 1785, par M. Lebrun, secrétaire des commandements de feu S. A. S. Mgr. le prince de Conti. 1 pag. Ms.

1347. — A M. Lebrun, à l'occasion des vers précédents par M. Vigée. 1 pag. Ms.

1348. — Lettre de M. Vilette sur l'exposition de 1785. 4 pag. Ms.

1349. — Lettre de M. de Vilette sur le Salon de 1785. 6 pag. Ms.

1350. — Tableau de la Muse de la poésie livrée aux regrets que lui inspire la mort de Voltaire. (par Mademoiselle Beaulieu) 1785. 7 pag. Ms.

X 1351. — Lettre à Emilie sur quelques tableaux du Sallon (de 1785). s. l. ni d. In-8° de 7 pag.

1352. — Tombeau de M. Boullenois dans l'église des Carmes de la place Maubert à Paris. *Journal général de France.* 29 juillet 1786. 7 pag. Ms.

1353. — Lettre de M. de la Barré au sujet de cette annonce. 3 pag. Ms.

1354. — Note à moi envoyée par M. Boullenois sur ce monument. 1803. 1 pag. Ms.

1355. — Exposition à la place Dauphine. 1787. 4 pag. Ms.

1356. — Discours ou Mémoire justificatif de M. Renou, secrétaire adjoint, lu par lui-même à la séance de l'Académie royale de peinture et de sculpture tenue le 29 septembre 1787. Paris, imp. des Bâtimens du Roi. 1787. In-8° de 16 pag.

1357. — Le Bouquet du Sallon (de 1787) (par M. Demoustier, avocat). à Emilie s. l. In-8° de 8 pag.

1358. — Réflexions sur les critiques des expositions au Salon du Louvre. 1787. (Cet extrait est tiré de l'éloge de M. La Brosse, peintre, qu'on peut voir dans le *Journal de Paris* au mois de novembre 1787). 7 pag. Ms.

1359. — Lettre sur les critiques des tableaux du Salon du Louvre. 1787. [signé : Desp... de l'Ar...] 8 pag. Ms.

1360. — Exposition des peintures, sculptures et gravures. *Journal encyclopédique.* 1787. 16 pag. Ms.

1361. — Exposition à la place Dauphine. *Mercure de France.* 1788. 12 pag. Ms.

1362. — Lettre sur l'exposition des tableaux au Salon du Louvre en 1787. [Signé : Desp... de l'Ar...]. 7 pag. Ms.

1363. — Observations de M. Vilette sur l'exposition des tableaux au Salon du Louvre. 1791. 15 pag. Ms.

1364. — Observations sur le dessin de David représentant le *serment du Jeu de paume* à Versailles. *Journal de Paris*. 6 juin 1791. 5 pag. Ms. '

1365. — Catalogue des ouvrages de peinture, sculpture, gravure, architecture, etc, exposés le 30 juin, jour de la petite fête Dieu, jusqu'au 15 juillet, par MM. les artistes libres, pour là troisième année, rue de Cléry, n° 95, dans les salles de M. Le Brun, capitaine du bataillon de Saint Magloire. (Paris) Imp. de Prault. 1791. In-8° de 32 pag.

1366. — M. David à ses concitoyens les souscripteurs, pour le tableau du *serment du Jeu de paume* 1801. 7 pag. Ms.

1367. — Quelques réflexions sur une figure colossale de la Renommée qu'on doit placer sous la coupole du Panthéon. *Journal de la Décade*, 11 décembre 1795. 15 pag. Ms.

1368. — Avis du ministre de l'intérieur (relatif à l'exposition qui s'ouvrira le 1er vendémiaire an V, 22 septembre 1796.) 8 pag. Ms.

1369. — Conservatoire du Musée central des Arts. *Petites affiches de Pars*, 11 vendémiaire an V. (2 octobre 1796.) 3 pag. Ms.

1370. — Première exposition publique des produits de l'Industrie française. 1798. 24 pag. Ms.

1371. — Procès-verbal rédigé par Messieurs composant le Jury des produits de l'Industrie française et remis au ministre de l'Intérieur le cinquième jour complémentaire an VI de la République française (21 septembre 1797). 8 pag. Ms.

1372. — Noms des douze qui ont été distingués par le Jury. 11 pag. Ms.

1373. — Discours prononcé par Camus, président de l'Institut national, aux élèves qui ont remporté les grands prix de peinture, de sculpture et d'architecture de l'An V, 1796, dans la séance publique du 15 vendémiaire an VI. (6 octobre 1797.) 9 pag. Ms.

1374. — Noms des artistes qui, au jugement de l'Institut national des sciences et arts, ont remporté les prix de peinture, sculpture et architecture, de l'An V, de la République. (Paris) Baudouin, imprimeur de l'Institut national. In-4° de 3 pag.

1375. — Poème sur les tableaux dont l'armée d'Italie a enrichi le muséum, et sur l'utilité morale de la peinture, lu à la séance publique de la Société philotechnique le 20 floréal an VI (9 mai 1798), par J. Lavallée. Paris, imp. Ch. Houel. An VI. In-12 de 16 pag.

1376. — Entrée triomphale des objets de sciences et d'arts recueillis en Italie, 9 thermidor an VI. (27 juillet 1798). 22 pag. Ms.

1377. — Discours prononcé par M. Jussieu, président de l'Institut national dans la séance du 15 vendémiaire an VII. (6 octobre 1798) aux élèves qui ont remporté les grands prix de peinture, de sculpture et d'architecture de l'an VI. (1797.) 11 pag. Ms.

1378. — Noms des artistes qui, au jugement de l'Institut national des sciences et des arts, ont remporté les prix de peinture, sculpture et architecture de l'an VI de la République. (Paris) Baudouin, imprimeur de l'Institut national. In-4° de 3 pag.

1379. — Examen des statues nouvellement placées dans la salle du conseil des Cinq Cents. *Décade*. 1798 [Signé: Amaury-Duval]. 9 pag. Ms.

1380. — Notice relative à l'exposition du Tableau de la *Transfiguration. Journal du Moniteur.* 9 pag. Ms.

1381. — Tableau de la *Transfiguration. Journal des Arts.* [Signé : J. D . . . . y.] 7 pag. Ms.

1382. — Gravure du Tableau de la *Transfiguration.* 4 pag. Ms.

1383. — Article sur le tableau de la *Transfiguration* contenant des observations particulières sur les monumens. *Annales des Arts* n° 17. 6 pag. Ms.

1384. — Tableau de la *Transfiguration*, par Raphael. *Journal de Paris.* n° 215. 1805. 3 pag. Ms.

1385. — Observation sur cette exposition du musée. *Décade.* 1799. 6 pag. Ms.

1386. — Sur les tableaux faits par M. Guérin. *(Journal de Paris.)* 4 pag. Ms.

1387. — Tableau des *Sabines* par David. *Annales de l'Architecture et des Arts*, n° 5. 1799. 6 pag. Ms.

1388. — Exposition des Tableaux. *Décade.* 1799, 4 pag. Ms.

1389. — Distribution des prix de peinture, de sculpture et d'architecture avec les sujets proposés d'après le jugement d'un jury. 1799. 5 pag. Ms.

1390. — Discours adressé à monsieur Guérin, auteur du tableau de *Marcus Sextus*, dans la séance publique du 15 vendemiaire an VIII (7 octobre 1799) par M. Vien, appelé au bureau pour distribuer les prix aux élèves. 2 pag. Ms.

1391. — Le même membre a adressé ensuite aux élèves qui avaient remporté les grands prix le discours suivant. Séance publique du 15 vendemiaire an VIII (7 octobre 1799.) 3 pag. Ms.

1392. — Discours adressé par M. Buache, président de l'Institut, aux élèves couronnés dans la séance publique du 15 vendemiaire an VIII (7 octobre 1799) 11 pag. Ms.

1393. — Panorama. Son origine. *Décade.* 1779. 8 pag.

1394. — Chactas au tombeau d'Atala. Romance en

scène dramatique par M. Henri de Bievane, mise en musique par M. L. Marini. 4 pag. Ms.

1395. — Notice des travaux de la classe des Beaux-Arts de l'Institut national pendant l'an XI, par Joachim Lebreton, secrétaire perpétuel de la classe et membre de celle d'histoire et de littérature ancienne, lue dans la séance publique de l'Institut du 8 vendemiaire an XII, (1er octobre 1803.) (Paris) in-8 de 14 pag. (Extrait de la *Décade philosophique* du 20 vendémiaire an XII.)

1396. — Notice sur la vie et les travaux du C. Antoine, architecte de l'ancienne Académie d'architecture, de la société des sciences, lettres et arts de Paris et membre de l'Institut national de France, lue dans la séance publique de l'Institut du 8 vendemiaire an XII, par Joachim Le Breton, secrétaire perpétuel... s. l. ni. d. in-8° de 6 pag.

TOME LI.

EXPOSITION DE L'ACADÉMIE DE SAINT LUC.

1397. — Précis historique sur l'établissement de l'Académie de Saint Luc à Paris en 1391. 22 pag. Ms.

1398. — Explication des ouvrages de peinture et de sculpture de messieurs de l'Académie de St Luc dont l'exposition a été ordonnée par M. le marquis de Voyer.., l'ouverture se fera le 20 février 1751. 22 pag. Ms.

1399. — Lettre sur les tableaux de l'Académie de St Luc exposés aux Grands-Augustins en 1751. 18 pag. Ms.

1400. — Explication des ouvrages de peinture et de sculpture de messieurs de l'Académie de Saint Luc dont l'exposition a été ordonnée par M. le marquis de Voyer... L'ouverture se fit le 15 mai 1752. 26 pag. Ms.

1401. — Explication des ouvrages de peinture et de sculpture de messieurs de l'Académie de Saint Luc dont l'exposition se fera le 30 may 1753... 1re édition. 29 pag. Ms.

1402. — Explication des ouvrages de peinture et de sculpture de messieurs de l'Académie de Saint-Luc dont l'exposition a été ordonnée le 30 may 1753... 2e édition avec des additions considérables. 14 pag. Ms.

1403. — Explication des peintures, sculptures et autres ouvrages de messieurs de l'Académie de St Luc dont l'exposition se fera le 18 septembre 1756 .... 28 pag. Ms.

1404. — Observations sur cette exposition de peintures, sculptures et gravures à l'Académie de Saint Luc, tirée du *Journal encyclopédique*. 1756. 19 pag. Ms.

1405. — Explication des peintures, sculptures et autres ouvrages de messieurs de l'Académie de St Luc dont l'exposition se fera le 25 aout 1762.... 27 pag. Ms.

1406. — Exposition de tableaux de l'Académie de Saint Luc, tirée du Journal de l'*Avant-Coureur*. 1762. 5 pag. Ms.

1407. — Explication des peintures, sculptures et autres ouvrages de messieurs de l'Académie de Saint Luc dont l'exposition se fera le 25 aout 1764.... 23 pag. Ms.

1408. — Jugement de cette exposition, par Bachaumont. 1 pag. Ms.

1409. — Autre avis plus modéré que le premier, 1 pag. M.

1410. — Exposition de peintures, sculptures et gravures, tirée de l'*Avant-Coureur*, faite à l'Académie de Saint Luc. 1764. 10 pag. Ms.

1411. — Explication des peintures, sculptures et autres ouvrages de messieurs de l'Académie de Saint Luc, dont l'exposition se fera le 25 aout 1774.... 40 pag. Ms.

1412. — Observations sur cette exposition des peintu-

res, sculptures et autres ouvrages de messieurs de
l'Académie de Saint-Luc faite le 25 aout 1774 et jours
suivants à l'hôtel Jabach, etc.... 12 pag. Ms.

1413. — Il n'y a pas de règle sans exception ou Le
Bavard sur l'exposition des peintures et sculptures de
l'Académie de Saint Luc. 1774. 23 pag. Ms.

1414. — Jugement tiré des *Mémoires de Bachaumont* sur
cette exposition. 2 pag. Ms.

1415. — Autre jugement. 1 pag. Ms.

1416. — Lettre à M. le Marquis de .... sur les peintures et sculptures exposées à l'hôtel de Jabac en 1774 par
Mr J.... membre de l'Académie de peinture et sculpture de la ville de .... 20 pag. Ms.

1417. — Motif de la Cessation de l'exposition des
Tableaux de l'Académie de Saint-Luc. 1 pag. Ms.

1418. — Liste et description des Tableaux, sculptures,
dessins, gravures, morceaux d'architecture et autres,
exposés au Colisée dans le Salon des Grâces en 1776. 34
pag. Ms.

1419. — Colisée en faveur de M. Razetti, ordinaire de
la musique et chambre du Roi. — Les Jeux olympiques
fête nouvelle. Le 2 septembre 1772. Paris, imp. Cl.
Herissant. In-12 de 4 pag.

1420. — Le Temple de Mémoire, pantomime héroique
donnée dans la rotonde du Colisée pour la première fois,
le mardi 22 septembre 1772 à huit heures précises. Paris,
imp. Cl. Herissant, 1772. In-12 de 4 pag.

1421. — Elysée, rue et Faubourg Honoré. — Exposition permanente et Vente soit à l'amiable, soit à l'enchère, des objets d'arts et de curiosité. Paris, imp. C. F.
Patris. In-8° de 3 pag. (Propectus.)

1422. — Elysée, rue et Faubourg Honoré. — Exposition permanente et vente, soit à l'amiable, soit à l'enchère
de tous objets d'arts et de curiosité. Paris, imp. Ber-
trandet. s. d. In-8° de 7 pag.

1423. — Notice dés Tableaux et autres objets curieux formant l'exposition de l'établissement de l'Elysée. Paris, imp. C. F. Patris. (13 aout 1798). In-8º de 15 pag.

TOME LII

EXPOSITION DE TABLEAUX AU PALAIS DU LUXEMBOURG.

1424. — Annonce de l'exposition des Tableaux de la galerie du Luxembourg. 3 pag. Ms.

1425. — Description des Tableaux du Palais du Luxembourg, par André Félibien. 1688. 34 pag. Ms.

1426. — Catalogue des tableaux du Cabinet du Roy au Luxembourg. Nouvelle édition revue, corrigée et augmentée de nouveaux tableaux. Paris, Imp. P. A. Le Prieur. 1766. In-12 de 48 pag.

1427. — Tableaux du Roi placés dans le Palais du Luxembourg. 1750. 7 pag. Ms.

1428. — Lettre sur les tableaux tirés du Cabinet du Roi et exposés au Luxembourg depuis le 24 octobre 1750. 95 pag. Ms.

1429. — Lettre sur l'exposition des tableaux au Palais du Luxembourg. 1750. 9 pag. Ms.

1430. — Lettre de M. le Chevalier de Tincourt à Madame la Marquise de *** sur les tableaux et desseins du Cabinet du Roi, exposés au Luxembourg depuis le 14 octobre 1750. Paris, Merigot. 1751. In-12 de 104 et 3 pag.

1431. — Explication des Tableaux, statues, bustes, etc., composant la galerie du Palais du Sénat, rétablie par ordre du Sénat-Conservateur... Paris, Imp. P. Didot. An XI. 1803. In-12 de 57 pag. et 107 numéros.

1432. — Vers à l'occasion des Tableaux nouvellement exposés au Luxembourg [par Batalliard]. 2 pag. Ms.

1433. — Courte description de ces tableaux. 7 pag, Ms,

1434. — Lettre de M. de S. P. à M. de B. sur le bon gout dans les Arts et dans les lettres (et sur les tableaux du cloitre des Chartreux à Paris. s. l. ni d. In-12 de 12 pag.

1435. — Description des Tableaux du petit cloitre des Chartreux peints par Le Sueur, tirée de Felibien et de Piganiol de la Force. 1750. 19 pag. Ms.

1436. — Description de deux tableaux de David nouvellement exposés au Palais du Luxembourg. *(Brutus* et Les *Horaces)* [Signé: J. D....y.] 4 pag. Ms.

1437. — Explication des Tableaux, statues, bustes, etc. composant la Galerie du Sénat-Conservateur rétablie par ses ordres. Paris, imp. P. Didot, an XI. 1803. In-12 de 71 pag. et 117 numéros.

1438. — Notice sur les statues destinées à décorer le grand escalier et la salle des séances du Palais du Sénat-Conservateur. Paris, imp. P. Didot, an XII. 1804. In-12 de 36 pag. et 28 numéros.

1439. — Expositions des statues du Sénat-Conservateur. *Journal des Débats.* 31 pag. Ms.

1440. — Observations sur ces statues exposées au Luxembourg. *Journal des bâtimens civils, monumens et Arts.* 36 pag. Ms.

1441. — Sur les statues destinées au Palais du Sénat. *Journal de la Décade.* 6 pag. Ms.

1442. — Sur la manière de représenter les grands hommes. *Journal des batimens civils.* 7 pag. Ms.

1443. — Explication des tableaux, statues, bustes, etc., composant la Galerie du Sénat-Conservateur rétablie par ses ordres. Paris, imp. P. Didot. 1806. In-12 de 71 pag. et 120 numéros.

1444. — Explication des tableaux, statues, bustes, etc., composant la Galerie du Sénat-Conservateur rétablie par ses ordres... Paris, imp. P. Didot. 1807. In-12 de 71 pag. et 120 numéros.

1445. — Explication des tableaux, statues, bustes, etc., composant la Galerie du Sénat-Conservateur, rétablie par ses ordres. Paris, imp. P Didot. 1808. In-12 de 71 pag. et 120 numéros (Dans cette édition Naigeon aîné et Naigeon, jeune sont désignés comme conservateurs du Musée).

TOME LIII

ACADÉMIES DE PEINTURE, SCULPTURE ET GRAVURE.

1446. — Lettre à Monsieur Vien, chevalier de l'ordre du Roi, premier peintre et directeur de l'Académie royale de peinture [Signée : Miger, graveur du Roi]. Paris 20 novembre 1789. In-8° de 15 pag.

1447. — Discours lu par M. Miger, graveur du Roi, à l'Académie royale de peinture, dans l'assemblée du 28 novembre 1789 pour servir de supplément à sa lettre adressée à M. Vien, premier peintre, en date du 20 de ce mois, s. l. ni d. In-8° de 5 pag.

1448. — Demande faite à l'Académie royale de peinture sur la demande présentée le même jour par les Académiciens, du 5 Décembre 1789. 2 pag. Ms.

1449. — Copie de la délibération de l'Académie royale de Peinture, du 5 Décembre 1789. 2 pag. Ms.

1450. — Discours prononcé dans l'Académie royale de peinture et sculpture le Samedi 19 Décembre 1789, MM. les académiciens y séant, par M. Restout, l'un d'eux... Paris, imp. P. Fr. Didot. 1790. In-8° de 15 pag.

1451. — Mémoire adressé par M. Pasquier, académicien, à M. le directeur et à Messieurs les officiers de l'Académie royale de peinture et de sculpture. 8 pag. Ms.

1452. — Copie de la première lettre envoyée à M. Vien, directeur... par MM. les académiciens assemblés dans les salles le 14 Janvier 1790. 1 pag. Ms.

1453. — Copie de la seconde lettre envoyée le même jour à M. Vien par MM. les Académiciens. 2 pag. Ms.

1454. — Extrait d'un registre tenu par MM. les Académiciens dans leur assemblée particulière du 14 Janvier 1790. 2 pag. Ms.

1455. — Copie de la lettre envoyée à M. Vien par MM. les Académiciens dans leur assemblée, du 18 Janvier 1790. 2 pag. Ms.

1456. — Réclamation de MM. les Académiciens non officiers de l'Académie royale de peinture, fin de Janvier 1790. 3 pag. Ms.

1457 .— Lettre aux auteurs de la *Chronique de Paris* sur l'Académie royale de Peinture, du 6 février 1790. 7 pag. Ms.

1458. — Aux auteurs de la *Chronique de Paris*, ce 12 Février 1790 (par Duplessis, Académicien et conseiller). 10 pag. Ms.

1459. — Réflexions présentées au Comité des commissaires de l'Académie de peinture etc. par M. Miger, Mai 1790. 3 pag. Ms.

1460. — Réflexions lues par M. Miger au Comité de MM. les Commissaires de l'Académie. Mai 1790. 6 pag. Ms.

1461. — Lettre de M. Caffieri, sculpteur du Roi, et professeur en son Académie royale de peinture et de sculpture à M. Bailly, maire de la ville de Paris, 27 juin 1890, s. l. (Paris) In-4° de 4 pag.

1462. — Adresse des représentans des beaux-arts à l'Assemblée nationale dans la séance du 28 juin 1790. (Paris) Imp. nationale. In-8° de 3 pag.

1463. — Proposition de statuts pour l'Académie royale de peinture et de sculpture. Juin 1790. 12 pag. Ms.

1464. — Mémoire sur l'Académie royale de peinture et sculpture par plusieurs membres de cette Académie. Paris, imp. V° Valade. 1790. In-4° de 36 pag.

1465. — Réponse au mémoire sur l'Académie royale de peinture et sculpture par plusieurs membres de cette Académie. [Signé : Deseine, sculpteur du Roi.] Paris N. H. Nyon. 1790. In-4° de 12 pag.

1466. — Observations impartiales d'un amateur des arts sur un mémoire relatif à l'Académie royale de peinture et sculpture par plusieurs membres de cette Académie. Paris. Baurain. 1790. In-4° de 19 pag.

1467. — Mémoire de M. Duplessis, Académicien et officier, lu à l'Académie de peinture et sculpture, le 7 août 1790. 19 pag. Ms.

1468. — Proclamation du Roi sur les décrets de l'Assemblée nationale des 10, 16, 23, 26 et 31 Juillet dernier, concernant les pensions, gratifications et autres récompenses nationales, du 22 Août 1790. Paris. Imp. royale. 1791. In-4° de 19 pag.

1469. — Discours de M. Miger à l'Académie royale de peinture et sculpture, du 4 septembre 1790. 4 pag. Ms.

1470. — Lettre de M. Duplessis, Académicien, du 6 septembre 1790. 7 pag. Ms.

1471. — Esprit des statuts et réglemens de l'Académie royale de peinture et de sculpture, pour servir de réponse aux détracteurs de son régime. [Signé : Renou.] (Paris) V° Hérissant. 11 septembre 1790. In-4° de 18 pag.

1472. — Discours de M. Miger à MM. de l'Académie royale de peinture, du 11 septembre 1790. 3 pag. Ms.

1473. — Lettre de M. Renou à l'Académie, du 18 septembre 1790. 4 pag. Ms.

1474. — Assemblée générale de la Commune des Arts. Résultat des arrêtés, du 29 Septembre 1790. 2 pag. Ms.

1475. — Lettre de M. Pajou, à ce sujet. 8 octobre 1790. 3 pag. Ms.

1476. — Pétition de l'Académie royale de peinture et

de sculpture à l'Assemblée nationale, du 9 octobre 1790. 1 pag. Ms.

1477. — Extrait du N° 67 du journal de Prudhomme, pag. 66, du 16 au 23 octobre 1790. (Attaque contre le comte Dangivillier à propos des bustes du dauphin et de la Dauphine). 2 pag. Ms.

1478. — Réponse à Prudhomme. 1 pag. Ms.

1479. — Mémoire pour l'Académie de peinture et de sculpture extrait des procès-verbaux de ses assemblées, du 18 Octobre 1790, présenté le Vendredi suivant 22 Octobre audit an au comité de Constitution, 8 heures du soir. 15 pag. Ms.

1480. — Adresse à l'Assemblée nationale par la presque totalité des officiers de l'Académie royale de peinture et de sculpture, auxquels se sont joints plusieurs Académiciens. s. l. ni. d. In-4° de 8 pag.

1481. — Projet de statuts et règlemens pour l'Académie royale de peinture et de sculpture proposé par les officiers et plusieurs Académiciens de ladite Académie (Paris) Vᵉ Herissant. 30 novembre 1790. In-4° de 36 pag.

1482. — Précis historique de ce qui s'est passé à l'Académie royale de peinture et de sculpture ou la conduite de MM. les officiers soi-disant le corps administratif comparée avec celle de MM. les Académiciens. (par M. Miger). 8 pag. Ms.

1483. — Rapport fait à l'Assemblée nationale, par M. de Boufflers, au nom du comité d'Agriculture et de Commerce dans la séance du Jeudi au soir 30 Décembre 1790 sur la propriété des auteurs de nouvelles découvertes et inventions en tout genre d'industrie, imprimé par ordre de l'Assemblée nationale. Paris. Imp. Nationale. 1791. In-8° de 50 pag.

1484. — (Lettre sur M. Miger du 31 décembre 1790). In-8° de 4 pag.

1485. — Opinion de M. J. A. Creuzé-Latouche, membre de l'Assemblée nationale au sujet du Jardin des Plantes et des Académies. Paris. Imp. Nationale. 1790. In-8° de 20 pag.

1486. — Loi qui décrète une statue pour J.J. Rousseau et une pension de 1, 200 l. pour sa veuve. 21 Décembre 1790. 6 pag. Ms.

1487. — Pétition motivée de la Commune des Arts à l'Assemblée nationale pour en obtenir la plus entière liberté de Génie, pour l'établissement de Concours dans tout ce qui intéresse la nation, les sciences et les arts ; pour réclamer contre l'existence des Académies ou autres corps privilégiés et contre la création d'un corps des Ponts et chaussées [Signé : Restout, Turcaty, Dufourny]. (Paris). Guilhemat (19 Janvier 1791). In-8° de 16 pag.

1488. — Adresse et projet de statuts et règlemens pour l'Académie centrale de peinture, sculpture, gravure et architecture, présentés à l'assemblée nationale par la majorité des membres de l'Académie royale de peinture et sculpture en assemblée délibérante. Paris, Vᵉ Valade. 1790. In-8° de 85 pag.

1489. — Réfutation d'un projet de statuts et règlemens pour l'Académie centrale de peinture.... par M. Deseine sculpteur du Roi. Paris, 1791. 59 pag. Ms.

1490. — Adresse à l'assemblée nationale par les membres de l'Académie d'architecture et projet de règlement pour une académie nationale des Arts. — Section de l'architecture. — 14 février 1791. Paris, Imp. P. Fr. Didot. 1791. In-4° de 32 pag.

1491. — A messieurs du Comité de Constitution par les officiers de l'Académie royale de peinture et de sculpture, en apportant leur nouveau Plan de statuts. (Paris.) Vᵉ Hérissant. 15 février 1791. In-4° de 4 pag.

1492. — Précis motivé par les officiers de l'Académie royale de Peinture et sculpture et plusieurs Académiciens qui s'y sont joints, pour servir de réfutation à un

projet de statuts d'Académie centrale par quelques académiciens. [Signé : Vien. Renou]. (Paris). V⁰ Hérissant.
Mars. 1791. In-4° de 15 pag.

1493. — Mémoire et Plan relatifs à l'organisation d'une
école nationale des Beaux-arts qui ont le dessin pour
base, par une société d'artistes. Paris. Desenne. 1791. In-
8° de 34 pag.

1494. — Députation des artistes à l'assemblée nationale,
du 23 mars 1791. 1 pag. Ms.

1495. — Présentation faite par l'Académie royale de
peinture, sculpture et gravure de nouveaux statuts à
l'assemblée nationale ; mars ou avril 1791. 3 pag. Ms.

1496. — Extrait de Tribut de la Société nationale des
neufs sœurs, 14 avril 1791. Plan pour la formation d'une
société des Arts du dessin à Paris (par M. Robin). (Paris).
de l'Imprimerie de la société nationale de neuf sœurs.
In-8° de 16 pag.

1497. — Adresse, mémoires et observations présentés à
l'assemblée nationale le 19 avril 1791 par la commune des arts qui ont le dessin pour base. Paris. 1791.
82 pag. Ms.

1498. — Observations ultérieures sur les adresses et
projets de statuts, par la presque totalité des officiers de
l'Académie royale de peinture. 20 pag. Ms.

1499. — Mémoire de l'Académie de peinture et de sculpture sur le concours ordonné par l'assemblée nationale
pour la statue de J. J. Rousseau, envoyé au comité des
Pensions. (Paris). V⁰ Hérissant. 30 novembre 1791. In-4°
de 7 pag.

1500. — Lettre d'un artiste à M***, député à l'assemblée
nationale sur les nouveaux écrits qui ont rapport aux
beaux-arts et aux sociétés d'artistes. (Paris). Imp. H. J.
Jansen. 20 mai 1791. In-8° de 19 pag.

1501. — Loi portant règlement sur la propriété de
auteurs d'inventions et découvertes en tout genre d'in

dustrie donnée à Paris le 25 mai 1791. Paris. Imp. Royale. In-4° de 12 pag.

1502. — Adresse à l'Assemblée nationale par les graveurs et propriétaires de planches gravées, suivie d'un mémoire qui développe les principes sur lesquels est fondée leur demande, d'un projet de décret conforme à ces mêmes principes, d'un mémoire particulier sur la chambre syndicale, en ce qui concerne la gravure, appuyé de pièces justificatives s. l. ni. d. (31 mai 1791.) In-4° de 32 pag.

1503. — Loi relative à la liste civile donnée à Paris le 1er Juin 1791. Paris. Imp. royale. In-4° de 7 pag.

1504. — Réflexions sur les concours en général et sur celui de la statue de J. J. Rousseau en particulier, par Houdon, sculpteur du Roi et de l'Académie de peinture, sculpture et gravure. S. l. ni. d. In-8° de 13 pag.

1505. — Copie de la lettre de M. Houdon, sculpteur, à M. le Président de la société des Amis de la Constitution. Paris. 5 Juin 1791. In-8° de 3 pag.

1506. — Explication succincte du Tableau central des opinions et de l'éducation publique, par J. Chevret citoyen de Paris, de la section et de la Bibliothèque, présenté à l'Assemblée nationale qui en a agréé l'hommage le 18 Juillet 1791. In-8° de 4 pag.

1507. — Considérations sur les Académies et particulièrement sur celles de peinture, sculpture et architecture présentées à l'Assemblée nationale, par M. Deseine, sculpteur du Roi. Paris. 1791. In-8° de 35 pag.

1508. — Adresse à l'Assemblée nationale par la Commune des Arts qui ont le dessin pour base, 9 aout 1791. 6 pag. Ms.

1509. — Pétition à l'Assemblée nationale de plusieurs membres de l'Académie royale de peinture pour l'admission égale de tous les artistes au concours pour l'exposition des Tableaux et autres ouvrages d'art, dans les

salons du Louvre, du 9 aout 1791. [Signé : Restout.]
5 pag. Ms.

1510. — Réponse de M. Beauharnais, président. 3 pag.
Ms.

1511. — Observations sur la pétition des artistes de
Paris adressée le 10 Aout à l'Assemblée nationale, et
renvoyée au Comité de Constitution [Signé : Renou.]
6 pag. Ms.

1512 — Lettre de M. Restout, de l'Académie de peinture et sculpture, à l'Assemblée nationale, 17 Août 1791.
2 pag. Ms.

1513. — Lettre de M. David, de l'Académie de peinture et sculpture, à l'Assemblée nationale, du 19 août
1791. 4 pag. Ms.

1514. — Pétition à l'Assemblée nationale par différens
membres du l'Académie de peinture et de sculpture, du
20 Aout 1791. 1 pag. Ms.

1515. — Rapport de M. Barrère de Vieusac sur la pétition des Artistes du 10 Aout dernier. 21 Aout 1791. 13
pag. Ms.

1516. — Département deParis. Extrait des Registres du
Département du 24 août 1791. (Relatif à l'exposition
absolument libre) 2 pag. Ms.

1517. — Lettre du ministre de l'Intérieur à l'assemblée
nationale, du 7 septembre 1791. (Relative à la date du
15 septembre comme époque de l'ouverture de l'Exposition). 1 pag. Ms.

1518. — Modèle d'un monument présenté à l'assemblée nationale par une députation d'artistes, du 8 septembre 1791. 2 pag. Ms.

1519. — Décret d'après le rapport du Comité des pensions, du 17 septembre 1791. 8 pag. Ms.

1520. — Loi qui accorde un secours annuel pour le
soutien des Arts de peinture, sculpture et gravure, donnée

à Paris le 29 septembre 1791. Paris. Imp. Royale. 1791. In-4° de 3 pag.

1521. — Pétition de M. Barrère de Vieuzac à l'assem-blée nationale, du 28 septembre 1791. 3 pag. Ms.

1522. — Pétition à l'assemblée nationale ; (relative à ce qu'il soit commandé à un papagiste un tableau représentant le Port de Calais au moment où les habi-tants de la ville vont au secours d'un bâteau de pêcheurs en détresse.) 19 octobre 1791. 8 pag. Ms.

1523. — Pétition des Artistes à l'assemblée nationale et décret rendu en conséquence. 19 octobre 1791. 14 pag. Ms.

1524. — Pétition par l'Académie de peinture et sculp-ture, lue à la barre de l'assemblée nationale le samedi 5 novembre 1791. (Paris). Vᵉ Hérissant. s. d. In-4° de 4 pag.

1525. — Pétition de l'Académie de peinture et de sculp-ture à l'assemblée nationale, du 5 novembre 1791. *Jour-nal de Paris*. 2 pag. Ms.

1526. — Opinion de M. Huet Froberville, Député du département du Loiret, sur le rapport du comité d'ins-truction publique, et sur la pétition des artistes concer-nant la nomination des juges pour les prix d'encourage-ment accordés aux arts, par l'assemblée nationale. Constituante. Novembre 1791 (Paris). Imp. nationale. In-. 8° de 11 pag.

1527. — Lettre d'un membre de l'Académie de pein-ture à M. Huet-Froberville, député, relativement à son opinion sur la pétition des artistes. (Novembre 1791) (Paris) Vᵉ Hérissant, 16 février 1792. In-4° de 4 pag.

1528. — Rapport de M. Quatremère sur la pétition des artistes du 19 octobre dernier. 14 novembre 1791 ; 12 pag. Ms.

1529. — Projet de décret présenté à l'assemblée natio-nale au nom du Comité de l'Instruction publique, par M.

Romme, le 29 novembre, et ajourné au samedi 3 décembre 1791, sur les réclamations des artistes qui ont exposé au Sallon du Louvre (Paris). Imp. nationale. In-8° de 4 pag.

1530. — Rapport de M. Romme au sujet des récompenses à accorder aux artistes, du 29 novembre 1791. 8 pag. Ms.

1531. — Lettre d'un amateur des Beaux-Arts à M*** (Novembre 1791.) (relative à une statue de Saint-Alype par Caffieri, placée dans l'Eglise des Invalides.) (Paris). J. Ch. Desaint. In-8° de 7 pag.

1532. — Repport de M. Romme au nom du comité d'Instruction publique du 3 Décembre 1791 au soir. 5 pag. Ms.

1533. — Pétition à l'assemblée nationale individuelle d'artistes en tout genre composant les sociétés de la commune des Arts, des exposants au salon du Louvre, des Inventions et découvertes, des neuf sœurs, du point central, des arts et métiers et d'autres artistes tous réunis fraternellement, du 4 Décembre 1791. 6 pag. Ms.

1534. — Pétition à l'Assemblée nationale pour qu'il y ait une bibliothèque publique dans les 83 départements, du 19 décembre 1791. 7 pag. Ms.

1535. — Offrande à l'Assemblée nationale faite par un artiste, du 27 décembre 1791, soir. (Sujet allégorique sur la Révolution, Tableau par M. Pochon). 1 pag. Ms.

1536. — Education de deux frères jumeaux, confiée par l'Assemblée nationale à M. David, de l'Académie royale de peinture, du 16 janvier 1792. 4 pag. Ms.

1537. — Lettre de M. David au Président de l'Assemblée nationale, 3 février 1792, (relative à la mission dont il a été chargé) 2 pag. Ms.

1538. — Rapport de M. Bréard au nom des comités d'instruction et des secours publics réunis. 4 mai 1792. 6 pag. Ms.

1539. — Nouvelle constitution des sciences, arts et métiers, avec le projet de décret présenté à l'Assemblée nationale et rédigé par la Société du point central des Arts et Métiers. Mars 1792. 78 pag. Ms.

1540. — Portrait du Roi fait par M. David. *Chronique de Paris.* 3 mars 1792. 1 pag. Ms.

1541. — Observations adressées aux auteurs du *Journal de Paris.* (relatives au portrait du Roi commandé à Louis David.) 18 mars 1792. 4 pag. Ms.

1542. — Réponse à ces observations. 20 mars 1792. 12 pag. Ms.

1543. — Portrait du Roi par Madame Guyard. *Petites Affiches de Paris.* 9 mars 1792. 3 pag. Ms.

1544. — Lettre aux auteurs des *Petites Affiches de Paris* au sujet de cette annonce. 18 mars 1792. 6 pag. Ms.

1545. — Loi relative aux biens des émigrés, donnée à Paris le 8 avril 1792. s. l. ni d. In-4° de 11 pag.

1546. — Adresse à l'Assemblée nationale relativement aux patentes pour les lettres, les sciences et beaux-arts, par M. Renou, secrétaire de l'Académie de peinture et sculpture (Paris). V° Hérissant. 15 mai 1792. In-4° de 12 pag.

1547. — Exposition des Tableaux historiques de la marine. 1789. 2 pag. Ms.

1548. — Rapport au sujet d'une indemnité demandée par le S' Rossel, pour des gravures représentant des combats de mer. 2 Juin 1792. 1 pag. Ms.

1549. — Décret au sujet de la même affaire, du 10 Juin 1792. 1 pag. Ms.

1550. — Pétition de trois jeunes artistes (demandant à l'assemblée nationale de mettre au concours la construction des monuments publics.) 11 Juin 1792. 1 pag. Ms.

1551. — Remerciements de MM. David, Regnault, Pasquier et autres à l'Assemblée de leur avoir conservé leur logement au Louvre. 16 aout 1792. 1 pag. Ms.

1552. — Pétition d'artistes pour aller à la guerre. 8 septembre 1792. 2 pag. Ms.

1553. — Demande de la suppression des Académies. 11 novembre 1792. 1 pag. Ms.

1554. — Loi donnée à Paris, le 14 Aout 1792, l'an quatrième de la liberté. Decret de l'Assemblée nationale du 14 Aout 1792, l'an quatrième de la liberté (Relatif à la destruction des « monumens élevés à l'orgueil, au préjugé et à la tyrannie »), Paris. Imp. nationale. 1792. In-4° de 3 pag.

1555. — Lettre à M. David par un de ses élèves (Topino-Lebrun), (relative à des mauvais traitements qu'aurait subis à Rome deux français, Rater et le statuaire Chinard.) du 21 Novembre 1792. 4 pag. Ms.

1556. — Decret de la Convention nationale du 25 novembre 1792, l'an Ier de la République française qui supprime la place de directeur de l'Académie de France de peinture, sculpture et architecture établie à Rome et suspend dans toutes les Académies de France tous remplacemens et toutes nominations. Paris, Imp. Nationale exécutive du Louvre. 1792. In-4° de 2 pag.

1557. — Convention nationale. — Rapport fait au nom du Comité d'instruction publique par G. Romme, député du Puy de Dôme et décret rendu dans la séance du 25 novembre 1792, l'an premier de la République française, sur la suppression de la place de directeur de l'Académie de France à Rome, imprimés par ordre de la Convention nationale. Paris, Imp. nationale. In-8 de 4 pag.

1558. — (Discours de David dans lequel il demande que le ministre des affaires étrangères donnent des ordres à l'agent de France à Rome pour faire disparaître les monuments de la Féodalité et de l'Idolatrie qui existent dans l'hôtel de l'Académie de France à Rome.) 2 pag. Ms.

1559. — Demande de David à la Convention pour qu'il soit élevé un monument à la gloire de Le Pelletier, 25 janvier 1793. 2. pag. Ms.

1560. — Mort du Citoyen Basseville, 3 février 1793. 3 pag. Ms.

1561. — Traitement à faire aux élèves de l'Académie de France à Rome. 4 février 1793 1 pag. Ms.

1562. — Don de 600 livres fait par Wicart et par de l'Espinasse de sa croix de Saint Louis, 6 mars 1793. 1 pag. Ms.

1563. — Loi sur les émigrés du 28 mars 1793 portant des exceptions en faveur des Artistes qui voyagent pour leur instruction et pour se perfectionner dans les Arts. 1 pag. Ms.

1564. — Tableau de Le Pelletier présenté à la Convention par David, 29 mars 1793. 6 pag. Ms.

1565. — Buste de Michel Le Pelletier présenté à la Convention nationale par Deseine, sourd et muet, sculpteur. 11 avril (1793) 1 pag. Ms.

1566. — Decret qui accorde une pension de 2400 livres aux élèves qui ont remporté les premiers prix de peinture, d'architecture et de sculpture. 1 juillet (1793) 2 pag. Ms.

1567. — Decret de la Convention nationale du 4 juillet 1793, l'an second de la République françoise qui ordonne d'effacer les Attributs de la Royauté sculptés ou peints sur les monumens publics à Paris. Paris, Imp. nationale exécutive du Louvre 1793. In-4° de 3 pag.

1568. — Détail de ce qui s'est passé à la mort de Marat. 15 juillet (1793) (Récit de David) 2 pag. Ms.

1569. — (Paroles prononcées par David à la Convention à l'occasion des obsèques faites à Marat.) 16 juillet (1793) 2 pag. Ms.

1570. — Rapport et decret relatif aux droits de pro-

priété des ouvrages publiés par la voie de la presse ou
de la gravure. 19 juillet (1793). 4 pag. Ms.

1571. — Decret qui porte que toutes les maisons ou
l'on trouvera des Armoiries seront confisquées au profit
de la nation. 2 aout (1793). 2 pag. Ms.

1572. — Decret qui suspend la distribution des prix
dans toutes les Académies. 7 août 1793. 2 pag. Ms.

1573. — Convention nationale. — Rapport et projet
de decret présenté au nom du Comité d'Instruction
publique à la séance du 8 août, par Grégoire, député du
département de Loir-et-Cher, imprimés par ordre de la
Convention nationale, (relatifs à la suppression de toutes
les Académies.) (Paris). Imp. nationale. In-8° de 14 pag.

TOME LIV

Académie de Peinture, Sculpture et Gravure.

1574. — Convention nationale. — Rapport et décret
sur la fête de la réunion républicaine du 10 août (1793),
présentés au nom du Comité d'instruction publique, par
David, député du département de Paris. Imprimé par
ordre de la Convention nationale et envoyé aux départemens et aux armées. (Paris). Imp. nationale. In-8° de
10 pag.

1575. — Ordre, marche et détail des cérémonies pour
la fédération du 10 août 1793 au Champ de Mars sur
l'autel de la patrie. Decret de la Convention nationale
qui en ordonne l'envoi aux départemens et aux armées.
(Paris). Imp. Guilhemat. In-8° de 8 pag.

1576. — Stations faites à la fête de la Réunion, devant
l'Arc-de-Triomphe, à la Place de la Révolution, au Co-
losse des Invalides et à l'autel de la Patrie. (Discours
prononcés par Hérault, président de la Convention.)
6 pag. Ms.

1577. — Decret de la Convention nationale du 3ᵉ jour du 2ᵉ mois de l'an second de la République française une et indivisible (24 octobre 1793), interprétatif de celui du dix-huitième jour du premier mois, qui ordonne l'enlèvement des signes de Royauté et de Féodalité. (Paris). De l'Imprimerie nationale exécutive du Louvre. An II. In-4° de 4 pag.

1578. — Decret qui ordonne que les parcs, jardins, maisons, qui porteront des signes de la royauté seront confisqués au profit de la nation. 18ᵉ jour du premier mois l'an II (9 octobre 1793). 3 pag. Ms.

1579. — Présentation du portrait de Marat, (par David) du 23 jour du premier mois de l'an II (14 octobre 1793). 1 pag. Ms.

1580. — Petition du citoyen Lebrun pour que le decret du 8 avril 1792, relatif aux artistes qui voyagent pour leur instruction soit appliqué à sa femme. 10 brumaire (31 octobre 1793). 2 pag. Ms.

1581. — Précis historique de la vie de la citoyenne Lebrun, peintre, par le citoyen J.-B.-P. Lebrun. (Paris). Lebrun. An II. In 8° de 22 pag.

1582 — Projet d'un monument pour le triomphe du peuple françois sur la tyrannie et la superstition. 17 brumaire an II (7 novembre 1793). 4 pag. Ms.

1583. — Decret qui accorde les honneurs du Panthéon à Marat. 24 brumaire an 11 (14 novembre 1793). 6 pag. Ms.

1584. — Exposition dans la cour du vieux Louvre des tableaux de Le Pelletier et de Marat. (par David) 2 pag. Ms.

1585. — Convention nationale. — Rapport fait à la Convention nationale, par David, imprimé par ordre de la Convention nationale. (Decret du 27 brumaire l'an II (17 novembre 1793), qui consacre un monument pour le triomphe du peuple français sur la tyrannie et la superstition. (Paris). Imp. nationale. In-8° de 8 pag.

1586. — Decret qui ordonne que le corps de Mirabeau sera retiré du Panthéon français. 5 frimaire an II (25 novembre 1793). 2 pag. Ms.

1587. — Dessin des portraits de Le Pelletier et de Marat présentés à la Convention nationale par David. 24 nivose an II (14 janvier 1794). 2 pag. Ms.

1588. — Deputation de la Commune des Arts à la Convention nationale. 28 nivose an II (18 janvier 1794). 3 pag. Ms.

1589. — Convention nationale. — Rapport et proje⁺ de decret relatifs à la restauration des tableaux et autres monumens des arts, formant la collection du Museum national, par G. Bouquier, au nom du Comité d'instruction publique, imprimés par ordre de la Convention nationale. 6 messidor (24 juin 1794). (Paris). Imp. nationale. In-8° de 8 pag.

1590. — Decret qui ordonne que les tableaux, statues et gravures provenant de la ci-devant Académie royale de peinture et de sculpture font partie du Museum national et seront conservés comme monumens de l'histoire des arts. 15 thermidor an II (2 août 1794.) (Mention de ce decret) 1 pag. Ms.

1591. — Convention nationale. — Instruction publique. — Rapport sur les destructions opérées par le vandalisme et sur les moyens de le réprimer, par Grégoire, séance du 14 fructidor, l'an second de la République une et indivisible (31 août 1794), suivi du décret de la Convention nationale, imprimés et envoyés par ordre de la Convention nationale aux administrations et aux sociétés populaires. (Paris). Imp. nationale. In-8° de 28 pag.

1592. — (Annonce à la Convention nationale du premier envoi des tableaux recueillis en Belgique). 4° jour des Sans-Culotides (27 septembre 1794). 3 pag. Ms.

1593. — Vers à ce sujet (signés : An. Ziminès.) *Petites Affiches de Paris*. 6 vendemiaire. 2 pag. Ms.

1594. — Détails sur la fête de la cinquième Sans-Culotide. (21 septembre 1794). 6 pag. Ms.

1595. — Vers au citoyen Lebrun, poète national, sur les tableaux commandés par les représentants au peintre Regnault (signés : Ximenès, septuagénaire). 1 pag. Ms.

1596. — Convention nationale. — Instruction publique. — Rapport sur l'établissement d'un Conservatoire des Arts et Métiers, par Grégoire. Séance du 8 vendémiaire, l'an 3 de la République une et indivisible. Imprimé par ordre de la Convention nationale (29 septembre 1794). (Paris). Imp. nationale. Vendemiaire an III. In-8° de 20 pag.

1597. — Présentation à la Convention du buste de Beauvais, 14 vendémiaire an III (5 octobre 1794), (par Pajou.) 1 pag. Ms.

1598. — Convention nationale. — Instruction publique. — Rapport sur les encouragemens, récompenses et pensions à accorder aux savans, aux gens de lettres et aux artistes. Séance du 17 vendémiaire, l'an III de la République une et indivisible, suivi du décret de la Convention nationale et imprimé par son ordre (par Grégoire). (Paris). Imp. nationale. Vendémiaire an III. In-8° de 22 pag.

1599. — Convention nationale. — Instruction publique. — Second rapport sur le vandalisme, par Grégoire. Séance du 8 brumaire, l'an III (29 octobre 1794), suivi du décret de la Convention nationale et imprimé par son ordre. (Paris). Imp. nationale. Brumaire an III. In-8° de 12 pag.

1600. — Moyens de transmettre à la postérité les chefs-d'œuvre des grands maîtres par la gravure. 11 brumaire an III (1er novembre 1794). 1 pag. Ms.

1601. — Loi sur les émigrés. 25 brumaire an III (15 novembre 1794). 1 pag. Ms.

1602. — Pétition des élèves de David pour qu'il ne soit plus en arrestation. 10 frimaire an III (30 novembre 1794). 6 pag. Ms.

1603. — Convention nationale. — Troisième rapport sur le vandalisme, fait au nom du comité d'instruction publique par Grégoire, imprimé par ordre de la Convention nationale. 24 frimaire an III (14 décembre 1794). (Paris). Imp. nationale. in-8° de 12 pages.

1604. — Convention nationale. — Rapport fait à la Convention nationale au nom du Comité d'instruction publique par Marie-Joseph Chenier, député du département de Seine-et-Oise, suivi du decret rendu en conséquence à la séance du 14 nivose, l'an troisième. Imprimé par ordre de la Convention nationale. (Paris). Imp. nationale. Nivose an III (3 janvier 1795). In-8° de 12 pag.

1605. — Arrivée de tableaux de la Belgique. 15 ventose an III (5 mars 1795). 1 pag. Ms.

1606. — Rapport de Daunou sur des gratifications à accorder aux savants et aux artistes. 26 germinal an III (26 avril 1795). 7 pag. Ms.

1607. — Decret qui accorde des gratifications à des savants et artistes, 27 germinal an III (16 avril 1795). 3 pag. Imp. et Ms.

1608. — Dénonciation de la section du Museum contre David. 13 floreal an III (2 mai 1795) 7 pag. Ms.

1609. — David, de Paris, représentant du peuple à la section du Museum, du 14 floréal an III (3 mai 1795). (Justification de David) 6 pag. Ms.

1610. — Rapport au nom des Comités d'instruction publique et des finances réunis sur l'établissement du Museum national des Antiques, par Rabaut. 20 prairial an III (8 juin 1795). 8 pag. Ms.

1611. — Decret du 16 fructidor an III (2 septembre 1795) qui permet aux savans, gens de lettre et aux artistes de remplir plusieurs fonctions. 1 pag. Ms.

1612. — Decret du 18 fructidor an III (4 septembre 1795) qui accorde des gratifications à des savans, gens de lettres et à des artistes. 5 pag. Ms.

1613. — Costume des représentans du peuple, des membres du directoire, des juges et autres fonctionnaires publiés d'après le décret du 3 brumaire an IV (25 octobre 1795.) 5 pag. Ms.

1614. — Pétition au directoire exécutif (relative à l'opportunité qu'il y a à deplacer de Rome les monuments de l'antiquité et les chefs-d'œuvre de la peinture et de la sculpture) s. l. ni d. In-8° de 3 pag.

1615. — Lettres sur le préjudice qu'occasionneroient aux arts et à la science, le déplacement des monumens de l'art de l'Italie, le démembrement de ses écoles, et la spoliation de ses collections, galeries, musées, etc. par A. Q. (Quatremère). Paris, Desenne et Quatremère. An IV. 1796. In-8° de 74 pag.

1616. — Pétition présentée par les artistes au Directoire exécutif pour faire venir à Paris les chefs-d'œuvre qui sont à Rome. 1796. 9 pag. Ms.

1617. — Corps législatif. — Conseil des cinq-cents. — Rapport et projet de résolution au nom d'une commission sur la petition des peintres, sculpteurs, graveurs, architectes, relativement aux droits des patentes, par L. S. Mercier. Séance du 25 vendemaire. An V (16 octobre 1796) Paris, Imp. Nationale, in-8° de 11 pag.

1618. — Réponse au rapport de Mercier [signé: H... élève en peinture]. 5 pag. Ms.

1619. — Sur le rapport de Mercier concernant les patentes des artistes. (Lettre signée G...) *Journal de Paris.* 1er janvier 1797. 10 pag. Ms.

1620. — Lettre sur le projet de rétablir l'Académie de

France en Italie. *Journal de la Décade*, 19 février 1796 18 pag. Ms.

1621. — Institutions propres à encourager et à perfectionner les beaux-arts en France par M. Pommereul. *Décade* n° 70 an IV. (6 décembre 1795) 51 pag. Ms.

1622. — Réclamation faite par M. Renou. 28 juin 1797. 2 pag. Ms.

1623. — Rapport de Quatremère de Quincy sur les patentes des Artistes. 10 Thermidor an V (28 juillet 1797). 18 pag. Ms.

1624. — Essai philosophique sur la dignité des Arts... par P. Chaussard. Paris. Imp. des sciences et arts. Ventose An VI. In-8° de 32 pag.

1625. — Loi sur les patentes qui en exempte les peintres, sculpteurs et graveurs. 2° jour complémentaire an VI. (18 septembre 1798). 1 pag. Ms.

1626. — Département de la Seine. — Rapport fait au conseil général le 15 thermidor an VIII (3 août 1800) sur l'Instruction publique. — Le rétablissement des bourses. — Le scandale des inhumations actuelles. — L'érection des cimetières. — La restitution des tombeaux, mausolés, etc. Paris, R. Jacquin et Desenne. In-8° de 40 pag.

1627. — Considérations sur l'état présent des Arts en France qui ont pour base le dessin, par un artiste, *Journal des bâtimens civils, monumens et Arts*. 1800. 25 pag. Ms.

1628. — Monumens de l'héroïsme français : nécessité de ramener à un plan unique, et de coordonner à ceux déjà existans, les monumens qu'on propose d'élever à Paris sur l'étendue comprise entre les Tuileries et l'Étoile : Considérations générales et projet par P. Chaussard. (Paris), Imp. V° Panckoucke, s.d. in-8° de 8 pag.

1629. — Lettre d'un artiste à Bonaparte, premier consul de la République française sur le projet d'une nouvelle Académie de peinture. (10 décembre 1801.

[signé : Chéry]. (Paris) Imp. du *Journal des Batimens civils et des Arts*. In-8° de 7 pag.

1630. — De la décadence des Arts qui ont pour base le dessin. *Journal des Arts*. 1801. 12 pag. Ms.

1631. — Réponse à cet écrit. [signé : L. B.] 8 pag. Ms.

1632. — Préfecture du département de la Seine. — Extrait des procès-verbaux du conseil général du département de la Seine, faisant fonctions de conseil municipal de la ville de Paris (relatif à l'exécution d'un monument à élever à la gloire du premier consul.) (Paris) 7 Brumaire an X, in-4° de 16 pag.

1633. — Temple de la Concorde. Monument projeté sur les constructions de l'église de la Madeleine, en face de la place de la Concorde, à Paris, en mémoire de la pacification générale de l'Europe, par le traité d'Amiens, et du rétablissement de la religion catholique en France par le Concordat, de F. A. Davy-Chavigné... lu en séance particulière de la Société libre des sciences, lettres et arts de Paris, en lui présentant les plans et coupes de ce monument le 9 floréal an X. (Paris) Imp. Le Normant. In-8° de 24 pag.

1634. — Lettre sur la sculpture destinée à orner les temples consacrés au culte catholique, et particulièrement sur les tombeaux adressée au général Bonaparte, premier consul de la République française, par Deseine, statuaire. (Paris) Baudoin Imp. Floreal an X. In-8° de 28 pag.

1635. — Observations sur la nécessité de rendre aux églises catholiques leur première splendeur, présentées à M. Portalis, ministre des cultes, par Deseine, statuaire, membre de l'ancienne Académie de Paris. 20 pag. Ms.

1636. — Statue du général Desaix. (par Fortin) *Journal des Arts*. 15 Vendemiaire an XI. (7 octobre 1805). 9 pag. Ms.

1637. — Musée Napoléon. Congés donnés aux artistes le

6 janvier 1802 qui occupaient des appartemens dans la cour du vieux Louvre. 5 pag. Ms.

1638. — Congés donnés aux artistes qui occupaient des appartemens dans les galeries du Louvre le 20 juin 1805. 2 pag.

1639. — Sur le Pont des Arts. *Journal des Arts.* [signé : G. A... architecte]. 17 pag. Ms.

1640. — Lettre de monsieur Viel, architecte, au sujet de ce pont, adressée au directeur du *Journal des Monumens et Arts.* 11 vendemiaire an XII (4 octobre 1803). 6 pag. Ms.

1641. — Quelques observations sur la sculpture de la fontaine de Grenelle. *Journal des Batimens.* 1804. 7 pag. Ms.

1642. — Nettoyage de la fontaine de la rue de Grenelle, faubourg Saint Germain. 4 pag. Ms.

1643. — Nettoyage de la fontaine de la rue de Grenelle. *Nouvelles des Arts*, journal de M. Landon. 1804. 4 pag. Ms.

1644. — Fontaine des Innocens. *Journal des Arts.* 3 pag. Ms.

1645. — Statue en marbre de Napoléon, par M. Chaudet. 1805. 5 pag. Ms.

1646. — Sur la statue de Napoléon. *Nouvelles des Arts*, par Landon. [signé : Vivant Denon.] 8 pag. Ms.

1647. — Lettre sur la statue de Napoléon. *Journal des Batimens civils, Monumens et Arts.* [signé : P. N.] 6 pag. Ms.

1648. — Autre lettre sur la statue de Napoléon. *Annales de l'Architecture et des Arts.* 12 pag. Ms.

1649. — Exposition du mausolée du général Desaix, dans l'atelier de M. Moitte, cour du Louvre. 1805. [signé : M. B.] 14 pag. Ms.

1650. — De l'ancienne Académie de peinture et de

sculpture. *Journal de l'Empire.* 1807, [signé : M. B.] 45 pag. Ms.

TOME LV

MUSÉE CENTRAL DES ARTS.

1651. — Lettre de M. Roland, ministre de l'intérieur, à M. David, peintre et député à la Convention nationale, du 17 octobre 1792 (relative à la création du Muséum). 4 pag. Ms.

1652. — Reflexions sur le Muséum national par le citoyen Lebrun, s. l. ni d. In-8° de 20 pag.

1653. — Réponse de Roland aux reflexions sur le Muséum national par le citoyen Lebrun. Paris, 16 janvier 1793. In-8° de 2 pag.

1654. — Lettre du sieur Debins au sieur Roland (à propos du Muséum). *Chronique de Paris* 10 janvier 1793. 3 pag. Ms.

1655. — Le marchand de tableaux Lebrun au ministre Roland. 20 janvier 1793. 4 pag. Ms.

1656. — Rapport de Sergent en vertu duquel est intervenu le decret suivant qui a rendu le Musée public. 27 juillet 1793. 4 pag. Ms.

1657. — Catalogue des objets contenus dans la galerie du Muséum français, décrété par la Convention nationale le 27 juillet 1793, l'an second de la République française. (Paris), Imp. C. F. Patris. In-12 de 120 pag.

1658. — Lettre écrite de Paris à Nancy sur la nouvelle exposition des tableaux au Museum national. *Mercure de France.* 20 vendemiaire an III (11 octobre 1794). 20 pag. Ms.

1659. — Observations sur le Muséum national par le citoyen Lebrun, peintre et marchand de tableaux, pour servir de suite aux reflexions qu'il a déjà publiées sur le même objet. Paris, Charon. 1793. In-8° de 16 pag.

1660. — Remarque sur un tableau du Museum en 1793 (une flagellation). 3 pag. Ms.

1661. — Extrait de la vie des peintres dont les ouvrages composent la galerie du Muséum françois, s. l. ni d. In-8° de 24 pag.

1662. — Decret de la Convention nationale du 21ᵉ jour du premier mois de l'an II de la République française une et indivisible qui accorde un fond annuel de 100,000 livres pour dépenses relatives au Musée de la République et à d'autres objets qui intéressent les sciences et les arts. 3 pag. Ms.

1663. — Avis des commissaires du Muséum françois, qui préviennent de son ouverture. 1 pag. Ms.

1664. — Observations de Picault, artiste restaurateur de tableaux à ses concitoyens sur les tableaux de la République. 1793. Paris, Imp. H. J. Jansen. In-8° de 79 pag.

1665. — Aux membres du Comité d'instruction publique de la Convention nationale, les commissaires du Muséum français (à propos des observations de Picault). 16 pag. Ms.

1666. — Convention nationale. — Rapport sur la suppression de la commission du Muséum, par le citoyen David, imprimé par ordre de la Convention nationale. (Paris), Imp. nationale (29 frimaire an II). In-8° de 8 pag.

1667. — (Note des rédacteurs du *Journal de Paris* au sujet de la suppression de la commission du Muséum). 2 pag. Ms.

1668. — Convention nationale. — Second rapport sur la nécessité de la suppression de la commission du Museum fait au nom des Comités d'instruction publique et des finances, par David, député du département de Paris, dans la séance du 27 nivose l'an 2 de la République française, imprimé par ordre de la Convention nationale. (Paris), Imp. nationale. In-8° de 11 pag.

1669. — Les conservateurs du Muséum national des Arts à leurs concitoyens. [Signé : R. G. Dardel et Lannoy]. (Paris), Imp. H. J. Jansen, s. d. In-8° de 6 pag.

1670. — Quelques idées sur la disposition, l'arrangement et la décoration du Museum national, par le citoyen J. B. P. Lebrun... (Paris), Imp. Didot. An III. In-8° de 30 pag. fig.

1671. — Rapport du Conservatoire du Museum national des Arts fait par Varon, l'un de ses membres, au Comité d'instruction publique le 5 pluviose l'an III (18 janvier 1795). 18 pag. Ms.

1672. — Le Conservatoire du Muséum national des Arts au Comité d'instruction publique, le 7 pluviose de la 3° année républicaine (20 janvier 1795). Paris, Imp. H. J. Jansen. In-8° de 7 pag. (Deux exemplaires).

1673. — Observations sur la nécessité d'éclairer le Musée par en haut. *Journal de Paris*. 18 avril 1795. 6 pag. Ms.

1674. — Réponse des conservateurs du Muséum des Arts. 3 pag.

1675. — Lettre au sujet de la proposition faite d'échanger les tableaux. 1795. 2 pag. Ms.

1676. — Réponse à cet écrit. [Signé : Ginguené]. 4 pag. Ms.

1677. — Lettre sur le même sujet. 7 brumaire an IV (29 octobre 1795). 3 pag. Ms.

1678. — Observations sur la proposition faite au Corps législatif de construire un nouveau Muséum. *Journal de Paris*, n° 136. 13 pluviose an IV (2 février 1796). [Signé : Benard]. 7 pag. Ms.

1679. — Réponse faite à ces observations. [Signé : Marragon.] 5 pag. Ms.

1680. — Réponse aux observations du citoyen Bénard, imprimées dans la feuille du 19 pluviose dernier. 25 pluviose. (15 janvier 1796) [signé : Lebrun, peintre] 7 pag. Ms.

1681. — Nouvelle administration du Musée du 3 pluviose an V (22 janvier 1797). Organisation du Musée central des Arts. 11 pag. Ms.

1682. — Règlement du Musée central des Arts. Septembre 1797. 8 pag. Ms.

1683. — Détail des précautions prises pour le voyage des objets d'arts conquis en Italie par nos armées. 15 prairial an V (23 juin 1797) [signé : Monge, Bertollet, Moitte.] 15 pag. Ms.

1684. — Annonce de l'arrivée de tableaux, sculptures et autres objets précieux venus de Rome pour être exposés dans quelque tems. 23 novembre 1797. 7 pag. Ms.

1685. — Liste des principaux objets de sciences et d'arts, recueillis en Italie par les commissaires du Gouvernement français. Extrait des procès-verbaux restés à la commission et imprimé par son ordre à Venise le 1er jour complémentaire de l'an 5e de la République française. Le secrétaire de la commission : Couturier. In-fº de 27 pag.

1686. — Rapport de Marin sur le Musée central des Arts. 1 nivose an VI (21 décembre 1797). 23 pag. Ms.

1687. — Réponse provisoire du Musée central des Arts au Conseil des Cinq-Cents. 3 nivose an VI (23 décembre 1797). 1 pag. Ms.

1688. — L'administration du Musée central des Arts au Conseil des Cinq-Cents. [Signé : de Wailly et Lavallée]. 5 pag. Ms.

1689. — Musée central des Arts. — Pièces relatives à l'administration de cet établissement, imprimées par ordre du Directoire exécutif. Paris, Imp. de la République. Nivose an VI. In-4º de 32 pag.

1690. — Lettre de Marin aux auteurs du *Journal de Paris*. 6 nivose an VI (26 décembre 1797). 2 pag. Ms.

1691. — Réponse du Musée central des Arts. 7 nivôse an VI (27 décembre 1797). 2 pag. Ms.

1692. — L'administration du Musée central des Arts au ministre de l'intérieur. 27 décembre 1797. 12 pag. Ms.

1693. — Observations sur l'administration du Musée central des Arts, par Joseph Lavallée... (Paris), Imp. Ch. Houel. In-8° de 33 pag.

1694. — Musée central des Arts. Suite de la Dénonciation de Marin. 8 février 1798. 4 pag. Ms.

TOME LVI

CONCOURS, PRIX D'ENCOURAGEMENT, JURY DES ARTS, ETC.

1695. — Municipalité. Projet sur l'utilité des Concours. 1790. 4 pag. Ms.

1696. — Rapport de M. de Beauharnais sur les encouragements à accorder aux artistes. 17 septembre 1791. 4 pag. Ms.

1697. — Assemblée des artistes qui ont exposé leurs ouvrages au Salon. 30 janvier 1792. 3 pag. Ms.

1698. — Assemblée des artistes. 1er février 1792. 2 pag. Ms.

1699. — Lettre des commissaires juges aux artistes. 12 mars 1792. 2 pag. Ms.

1700. — Plaintes des artistes. (relatives au décret de l'assemblée concernant le Panthéon français.) 9 avril 1792. 2 pag. Ms.

1701. — Assemblée des artistes nommés commissaires juges pour répartition des travaux d'encouragement. 14 avril 1792. 1 pag. Ms.

1702. — Au rédacteur des Petites Affiches de Paris. (lettre relative à la répartition des travaux d'encouragement) 15 avril 1792. 4 pag. Ms.

1703. — Lettre de M. Vincent (relative à une fausse lettre de Ritt). 27 avril 1792. 2 pag. Ms.

1704. — Nomination faite par les commissaires juges (des artistes appelés à recevoir des encouragements). 3 mai 1792. 1 pag. Ms.

1705. — Don de M. David (du prix de 600 liv. à lui décerné). 2 pag. Ms.

1706. — Lettre de M. Vincent. (relative à la part prise par MM. Percier et Fontaine dans la pièce de Lucrèce). 6 mai 1792. 2 pag. Ms.

1707. — Prix d'encouragement. 4 pag. Ms.

1708. — Lettre insérée dans le journal de Fontenay. (Réclamation à l'occasion des récompenses accordées à la suite de l'exposition) 10 juillet 1792. 4 pag. Ms.

1709. — Réponse à cette lettre. 13 juillet 1792. [Signé : Mo...., graveur]. 4 pag. Ms.

1710. — Relevé des arretés du procès-verbal des commissaires juges pour les ouvrages d'encouragement concernant la répartition des prix et le mode de jugement. 11 pag. Ms.

1711. — Decret de la Convention nationale du 1er juillet 1793, l'an 2e de la République française, concernant les jeunes artistes qui remporteront les premiers prix en peinture, sculpture ou architecture. 3 pag. Ms.

1712. — Petition des artistes d'après laquelle on rapporte le decret qui fixe à six semaines l'époque du concours des plans d'embellissement à faire au Louvre. 29 juillet 1793. 2 pag. Ms.

1713. — Avis de la Commune des Arts, au sujet du travail sur l'instruction, les concours et jugemens publics. 2 septembre 1793. 1 pag. Ms.

1714. — Decret de la Convention nationale du 7 aout l'an 2e de la République française, relatif aux ouvrages présentés au concours pour les prix des Académies de peinture, sculpture et architecture. 7 aout 1793. 2 pag. Ms.

1715. — Decret de la Convention nationale du 19 aout 1793 l'an 2ᵉ de la République française une et indivisible, relatif aux jeunes élèves qui, depuis la Revolution, ont remporté les premiers prix de peinture, sculpture et architecture. 3 pag. Ms.

1716. — Rapport du Comité de la Commune générale des Arts sur le mode provisoire de jugement du concours aux prix de peinture, sculpture et architecture pour l'année 1793. L'an 2ᵉ de la République. 11 pag. Ms.

1717. — Mode provisoire de jugement pour les prix de cette année arreté par la Commune générale des Arts, séante au Louvre, et constituée en vertu du decret de la Convention nationale du 4 juillet 1793, l'an 2ᵉ de la République une et indivisible. (23 septembre 1793). 3 pag. Ms.

1718. — Extrait des registres des délibérations de la Commune des Arts, dans ses séances du 2ᵉ jour du premier mois l'an 2ᵉ de la République. 3 pag. Ms.

1719. — Suite du mode provisoire de jugement. — Règlements. 3 pag. Ms.

1720. — Decret portant nomination d'un juri pour juger les objets soumis au concours. 8 brumaire l'an 2ᵉ (30 octobre 1793). 2 pag. Ms.

1721. — Decret sur le mode de jugement de concours ouvert pour les prix d'architecture, peinture et sculpture. 9 brumaire an 2ᵉ (31 octobre 1793). 3 pag. Ms.

1722. — Convention nationale. — Rapport fait au nom du Comité d'instruction publique par David, sur la nomination des cinquante membres du jury qui doit juger le concours des prix de peinture, sculpture et architecture, imprimé par ordre de la Convention nationale. (17 novembre 1793). Paris, Imp. nationale. In-8ᵉ de 6 pag.

1723. — Procès-verbal de la première séance du jury des Arts nommé par la Convention nationale et assem-

blé dans une des salles du Muséum , en vertu des decrets des 9 et 25 jours de brumaire an II de la République (30 octobre et 15 novembre 1793)... pour juger les
ouvrages de peinture, sculpture et architecture mis au
concours pour obtenir le prix. (Paris), Imp. nationale.
In-8° de 90 pag.

1724. — Extrait du procès-verbal du jury des Arts ou
arretés pris par le jury, relativement aux diverses espèces de prix dont les différentes parties des concours soumis à son jugement, selon la diversité de leur nature ou
de leur mérite, pourront être jugés dignes. (Paris), Imp.
de la *Feuille du Cultivateur*. s. d. In-4° de 52 pag.

1725. — Rapport de Thibaudeau et decret pour la formation d'un jury qui jugera les ouvrages du concours et
décernera des prix. 9 frimaire an III (29 novembre 1794).
7 pag. Ms.

1726. — Reflexions sur les programmes et les con-
cours par le citoyen Détournelle, architecte. (1794).
(Paris), Imp. Fantelin. In-8° de 16 pag. Extrait du tome
IV du *Journal des Arts*.

1727. — Extrait de la séance du jury des Arts au sujet
du concours. 11 nivose an III (31 décembre 1794). [Si-
gné : L. Dufourny]. 2 pag. Ms.

1728. — Ouverture d'assemblées pour un jury des
Arts. 17 nivose an III (6 janvier 1795). [Signé : Sergent,
artiste]. 3 pag. Ms.

1729. — Reflexions sur l'établissement d'un jury des
Arts. 10 pag. Ms.

1730. — Extrait du procès verbal de la séance du Jury
des Arts sur le jugement qu'elle a porté sur le concours
de la statue de Jean Jacques Rousseau. 27 pluviose an III
(15 février 1795) 7 pag. Ms.

1731. — Avis aux artistes Extrait du procès verbal de
la séance du Jury des Arts. 29 ventose an III. (19 mars
1795). 3 pag. Ms.

1732. — Rapport fait au Comité d'instruction publique sur les concours de peinture, sculpture, architecture, ouverts par les decrets de la convention nationale, par Portier, de l'Oise, représentant du peuple. 1795. 15 pag. Ms.

1733. — Avis aux artistes et aux amateurs d'envoyer des mémoires etc., au Jury des Arts. 11 messidor an III (29 Juin 1795). 3 pag. Ms.

1734. — Jury des Arts. Prix décernés aux esquisses de sculpture, présentées aux divers concours ouverts par la convention nationale, et soumises au jugement du Jury des Arts, en vertu de la loi du 9 frimaire de l'an III de la République française, une et indivisible. Paris. Imp. de *la Feuille du cultivateur*. In fol. de 1 pag.

1735. — Jury des Arts. Prix décernés aux projets d'architecture, présentés aux divers concours ouverts par la Convention nationale, et soumis au jugement du Jury des Arts, en vertu de la loi du 9 frimaire de l'an III de la République française, une et indivisible. Paris. Imp. de *la Feuille du cultivateur*. in fol. de 1 pag.

1736. — Jury des Arts. — Prix decernés aux esquisses de peintures, présentées au concours ouvert par la Convention nationale et soumises au Jugement du Jury des Arts, en vertu de la loi du 9 frimaire de l'an III de la République française une et indivisible. Paris. Imp. de *la Feuille du cultivateur*. in fol. de 1 pag.

1737. — Prix decernés par le Jury des Arts aux ouvrages d'architecture, sculpture et peinture soumis à son jugement. Fructidor an III (septembre 1795.) 30 pag. Ms.

1738. — Concours des grands prix de peinture et de sculpture dont le jugement est attribué aux trois section réunies de peinture, sculpture et architecture de l'Institut national par la loi du 3 brumaire de l'an IV (25 octobre 1795), titre V, article 7, concernant l'instruction publique et par celle du 15 germinal suivant (4 avril 1796) article 30, concernant le règlement pour l'Institut national. 4 pag. Ms.

1739. — Concours définitif des grands prix de peinture et de sculpture. 4 pag. Ms.

1740. — Du 29 ventose an V (19 mars 1797) séance tenue à l'école nationale de peinture et de sculpture par les trois sections des Arts de peinture, sculpture et architecture réunies de l'Institut. 3 pag. Ms.

1741. — Du 9 Germinal an V. (29 mars 1797) séance tenue à l'école nationale de peinture et de sculpture par les trois sections de peinture, sculpture et architecture réunies à l'Institut. 4 pag. Ms.

1742. — Séance du 11 Germinal an V (31 mars 1797) sujets donnés pour les grands prix de peinture pour l'an V par les trois sections de peinture, sculpture et architecture de l'Institut réunies. 3 pag. Ms.

1743. — Séance du 2 Vendemiaire an VI (23 septembre 1797). Procès verbal de la séance des trois sections de peinture, sculpture et architecture de la classe de littérature et beaux-arts de l'Institut national pour le Jugement des grands prix d'architecture de l'an V de la République. 7 pag. Ms.

1744. — Séance du 12 Vendemiaire an VI (3 octobre 1797). Procès verbal des trois sections des Arts de l'Institut national pour le jugement des grands prix de peinture et de sculpture de l'an V de la République. 9 pag. Ms.

1745. — Distribution des prix de peinture, sculpture et architecture faite à l'Institut nationale le 15 Vendemiaire an VI. (6 octobre 1797) 3 pag. Ms.

1746. — Séance tenue à l'école nationale de peinture du 29 Ventose an VI (19 mars 1798) par les trois sections des Arts de peinture, sculpture et architecture réunies de l'Institut, pour le jugement du premier essai, consis-

tant en une esquisse exécutée par les élèves de peinture
et de sculpture à l'effet d'être admis à concourir aux
grands prix tant en peinture qu'en sculpture, 4 pag. Ms.

1747. — Premier essai donné aux élèves concourans
aux grands prix de peinture et de sculpture pour l'an
VI. 2 pag. Ms.

1748. — Séance tenue le 9 germinal an VI (29 mars
1798) à l'école nationale de peinture, sculpture et architecture réunies de l'Institut, pour le jugement du second
essai consistant en une figure peinte ou modelée par les
élèves peintres et sculpteurs à l'effet d'être admis défini-
tivement aux grands prix tant en peinture qu'en sculpture. 3 pag. Ms.

1749. — Sujet donné pour les grands prix de peinture
pour l'an VI de la République par les trois sections de
peinture, sculpture et architecture de l'Institut réunies.
11 germinal an VI (31 mars 1798) 2 pag.

1750. — Programme pour les grands prix d'architecture de l'an VI. 6 floréal an VI (25 avril 1798) 4 pag. Ms.

1751. — 9 Messidor an VI (27 juin 1798). (Programme
pour le grand prix de sculpture). 2 pag. Ms.

1752. — 2 vendemiaire an VII (23 septembre 1798).
Procès verbal des trois sections des Arts de l'Institut national réunies pour le jugement des grands prix de
l'architecture de l'an VI de la République. 7 pag Ms.

1753. — Procès verbal des trois sections des arts de
peinture, sculpture et architecture de la classe de littérature et beaux arts réunies. 12 vendemiaire an VII
(3 octobre 1798). 7 pag. Ms.

1754. — Ministère de l'intérieur. — Musée central des
Arts. 1799. L'administration du Musée central des Arts
aux artistes (Annonce d'un concours entre les artistes
ayant exposés depuis l'an II). 3 pag. Ms.

1755. — Distribution des prix par le jury des Arts.
23 Ventose an VII. (13 mars 1799). 6 pag. Ms.

1756. — Le ministre de l'intérieur aux artistes. (à propos d'un nouveau mode de concours pour la distribution des travaux d'encouragement) 1799. 4 pag. Ms.

1757. — Procès-verbal du jury des Arts. 28 Ventose an VII. (18 mars 1799). 4 pag. Ms.

1785. — Distribution des prix par le jury des Arts. 6 pag. Ms.

1759. — Reflexions sur ces deux articles. 8 pag. Ms.

1760. Quelques reflexions sur l'organisation du jury des Arts. 5 pag. Ms.

1761. — La Commission nommée par les artistes, conformément à l'invitation du ministre de l'intérieur, pour examiner les productions des Arts, qui au Salon d'exposition, ont du mériter à leurs auteurs des travaux d'encouragement, vient de terminer ses opérations. — Liste des artistes qui ont obtenu des prix. 8 pag. Ms.

1762. — Reflexions sur les critiques actuelles. 5 pag. Ms.

1763. — Liste des artistes qui ont obtenu des prix pour les travaux d'encouragement d'après le jugement d'un jury nommé à cet effet. 3 pag. Ms.

1764. — Questions sur les expositions publiques des ouvrages de concours de peinture, sculpture, architecture. *Journal des bâtimens civils et Arts.* 1800. n° 11 10 pag. Ms.

1765. — Sur le jury des Arts. 1801. *Journal des Arts.* 22 pag. Ms.

1766. — Sur les esquisses de la bataille de Nazareth. *Journal des monuments civils, bâtimens et Arts.* 1801. Chéry. n° 109. 16 pag. Ms.

1767. — Précis de ce qui s'est passé au jugement de ce concours. 1 pag. Ms.

1768. — Aux artistes qui ne déshonorent point ce titre. *Journal des Bâtimens.* n° 133. 1801. 21 pag. Ms.

1769. — Lettre de M. Hennequin aux rédacteurs du

Journal des Bâtimens civils, des monuments et des Arts. 10 décembre 1801. n° 133. 3 pag. Ms.

1770. — Réponse à un journaliste qui blâme la déclaration faite par Hennequin d'exécuter en grand son esquisse de la Bataille de Nazareth. *Journal des Bâtimens.* n° 137. 5. pag. Ms.

1771. — De l'inutilité des Concours. 1801. *Journal des Bâtimens.* n° 135. Signé : René, artiste]. 5 pag, Ms.

1772. — Mieux vaut tard que jamais, ou mon opinion sur les esquisses de la bataille de Nazareth. *Journal des Arts.* n° 176. 11 pag. Ms.

1773. — Réponse à cet écrit du *Journal des Arts.* n° 176. *Journal des Bâtimens.* n° 139. 5. pag. Ms.

1774. — Des Concours. *Journal des bâtimens civils, monumens et Arts.* n° 141. (par Maurice) 20 pag. Ms.

1775. — Arreté du ministre de l'intérieur concernant le concours sur la paix d'Amiens, et la loi sur les cultes. 13 germinal an X. (3 avril 1802). 18 pag. Ms.

1776. — Observations particulières sur ces reflexions de M. Joseph Lavallée. 3 pag. Ms.

1777. — Le donneur d'avis. *Journal des Arts* 10 octobre 1801. 5 pag. Ms.

1778. — Réponse au donneur d'avis. 8 pag. Ms.

1779. — Fine critique sur les concours. *Journal des Arts.* n° 176. 11 pag. Ms.

1780. — Observations de M. Destournelles sur ce concours. *Journal des Arts.* 5 floréal an X (25 mai 1802) 10 pag. Ms.

1781. — Annonce de l'exposition des projets destinés à celebrer la paix d'Amiens et la loi sur les cultes et nomination de M. Denon en qualité de directeur général du musée. *Journal des batimens civils, monumens et Arts.* [signé : Chéry]. 5 pag. Ms.

1782. — Nomination de M. Denon en qualité de directeur général du musée. Même journal. 8 pag. Ms.

1783. — Annonce de l'exposition du concours sur les Arcs de triomphe. *Journal des Arts.* 3 pag. Ms.

1784. — Sur le concours des arcs de triomphe exposés le 15 frimaire an XI (6 décembre 1802). *Journal des Arts* n° 245 [signé : Detournelles]. 15 pag. Ms.

1785. — Concours sur la paix d'Amiens et le rétablissement des cultes. *Journal de la décade philosophique.* 2 pag. Ms.

1786. — Le rétablissement du culte, premier prix décerné à M. Callet, peintre. 1 pag. Ms.

1787. — La paix d'Amiens. 1 pag. Ms.

1788. — Traité d'Amiens ou la liberté des mers. Esquisse peinte, exposée pour le concours, dans la galerie d'Apollon attenant le muséum, par ordre du ministre de l'intérieur le 15 frimaire an XI de la Republique française (par Chéry, peintre) s.l. ni d. in 4° de 8 pages.

1789. — Résultat du concours. *Journal des batimens civils, monumens et Arts.* 4 pag. Ms.

1790. — Prix et sommes accordés à titre d'indemnités. (à l'occasion du concours mentionné ci-dessus) 4 pag. Ms.

1791. — Jugement du Jury au sujet de ce concours. *Journal du magasin encyclopédique* par M. Millin. 3 pag. Ms.

1792. — Coup d'œil d'un amateur de beaux arts sur l'exposition des ouvrages de peinture, sculpture, architecture et médailles qui concourent pour les prix proposés par le ministre de l'intérieur sur le traité de paix signé à Amiens et la loi sur les cultes. *Journal des batimens civils monumens et arts*, 20 pag. Ms.

1793. — Petition de six architectes pour obtenir une indemnité au sujet de ce concours. 3 pag. Ms.

1794. — Reflexions sur ce concours par Destournel, architecte. *Journal des Arts.* 13 pag. Ms.

1795. — Exposition des esquisses du 15 frimaire an XI

(6 Décembre 1802). *Journal des Arts*. [Signé : J. Lavallée]. 20 pages Ms.

1796. — Du dernier concours et sur les concours en général. *Journal des batimens civils, monumens et Arts.* [signé : Maurice]. 19 pag. Ms.

1797. — Decret rendu à Aix-la-Chapelle, le 25 fructidor an XII (11 septembre 1804), portant distribution de grands prix de dix ans en dix ans pour l'encouragement des sciences, des lettres et des arts. 6 pag. Ms.

TOME LVII

MUSÉE DES MONUMENTS FRANÇAIS.

1798. — Formation de la Commission des monuments et résultat de son travail. 10 pag. Ms.

1799. — Extrait du procès-verbal de l'assemblée nationale législative et de celui de la Convention nationale, du 11 août 1792 (relative à la nomination de huit commissaires chargés de procéder au recollement des effets inventoriés au garde meuble de la couronne) 8 pag. Ms.

1800. — Decret portant réunion des Commissions établies pour la conservation des monuments des arts et des sciences. 18 octobre 1792. 3 pag. Ms.

1801. — Rapport de Barrère sur les sciences et les arts 6 février 1793. 3 pag. Ms.

1802. — Decret de la Convention nationale du 6 février 1793, l'an II de la République française relatif au payement des dépenses faites pour les travaux de la Commission des monuments, et à l'impression de l'état des gratifications et encouragemens distribués pour les arts et les sciences. Paris, Imp. Nationale exécutive du Louvre. 1793. In-4° de 2 pag.

1803. — Notice succinte des objets de sculpture et architecture réunis au dépot provisoire national, rue des

Petits-Augustins par Alexandre Lenoir, garde dudit dépôt. (dont l'exposition a été publique depuis le 10 aout
1793, jusqu'au 30 septembre suivant). 1793. (1ʳᵉ édition),
in-8° de 18 pag.

1804. — Avis de la Commission des monuments du 22
octobre 1793. (relatif à la suppression des signes de la
féodalité sur les reliures des livres) 3 pag. Ms.

1805. — Convention nationale. — Rapport fait à la
Convention au nom du comité d'instruction publique
par Mathieu, député, le 28 frimaire, l'an second de la
République française, imprimé par ordre de la Convention nationale. (Sur la suppression de la Commission des
monuments). (Paris), imp. Nationale. In-8° de 18 pag.

1806. — Decret qui ordonne que désormais toutes les
inscriptions seront en français. 21 nivose an II. 1 pag. Ms.

1807. — Convention nationale. — Quelques idées sur
les arts, sur la nécessité de les encourager, sur les institutions qui peuvent en assurer le perfectionnement et
sur divers établissements nécessaires à l'enseignement
public, adressées à la Convention nationale et au comité
d'instruction publique par Boissy d'Anglas, député du
département de l'Ardèche, imprimées par ordre de la
Convention nationale. (Paris). Imp. Nationale. In-8° de
47 pag.

1808. — Liste des membres composant la Commission
temporaire des arts, adjointe au comité d'instruction publique, 2 pag. Ms.

1809. — Instruction sur la manière d'inventorier et de
conserver dans toute l'étendue de la République, tous
les objets qui peuvent servir aux arts, aux sciences et à
l'enseignement, proposée par la Commission temporaire
des arts et adoptée par le comité d'instruction publique
de la Convention nationale. Paris. Imp. Nationale. An
II de la République, In-4° de 70 pag.

1810. — Commission temporaire des arts adjointe au

comité d'instruction publique. Rapport fait au nom des commissaires envoyés dans le département de Seine-et-Oise à la commission temporaire des arts par Varon. 10 messidor An II. (28 juin 1794). 20 pag. Ms.

1811. — Lettre sur l'état véritable des deux chevaux de marbre blanc de Coysevox qui étaient ci-devant à Marly. Aux auteurs du *Journal de Paris*. 28 fructidor. (14 septembre 1794). [Signé : S. J. Grobert.] 3 pag. Ms.

1812. — Essai sur les moyens d'encourager la peinture, la sculpture, l'architecture et la gravure par J. B. P. Lebrun, peintre et marchand de tableaux, adjoint à la commission temporaire des arts. Paris, chez l'auteur. An III. In-8° de 36 pages.

1813. — Rapport de Thibaudeau et decret portant qu'il ne sera établi à l'avenir aucun atelier d'armes, de salpêtre, de fourrages et autres matières combustibles dans les bâtiments où il y a des bibliothèques, musées cabinets d'histoire naturelle, etc. 9 frimaire an III (29 novembre 1794), 4 pag. Ms.

1814. — Notice historique des monuments des arts réunis au dépot national, rue des Petits-Augustins, suivis d'un traité de la peinture sur verre, par Alexandre Lenoir, conservateur au dit dépot Paris, Cussac. An IV. In-8° de 112 pag. (2° édition).

1815. — Observations sur Duguesclin dont il est parlé dans cet ouvrage. N° 15, pag. 9. 2 pag. Ms.

1816. — Description historique et chronologique des monuments de sculpture réunis au musée des monuments français, par Alexandre Lenoir, conservateur de ce musée, suivi d'un traité historique de la peinture sur verre par le même auteur. Troisième édition. Paris, au musée. An V. In-8° de 240 pag.

1817. — Annonce de cet ouvrage. 17 pag. Ms.

1818. — Reflexions de le Mercier sur le dépôt des Petits-Augustins, dit le musée des monuments français. 2 octobre 1797. 11 pag. Ms.

1819. — Description historique et chronologique des monuments de sculpture réunis au musée des monuments français par Alexandre Lenoir, conservateur de ce musée, suivi d'un traité historique de la peinture sur verre par le même auteur. Quatrième édition. Paris, au musée. An VI. In·8° de 272 pag.

TOME LVIII

Musée des monuments français

1820. — Description historique et chronologique des monuments de sculpture réunis au musée des monuments français par Alexandre Lenoir, conservateur et administrateur de ce musée, augmentée d'une dissertation sur la barbe et les costumes de chaque siècle et suivie d'un traité de la peinture sur verre par le même auteur. Cinquième edition... Paris, au musée, chez L. Guyot, Gide et Agasse. An VIII. in. 8° de 392 pag.

TOME LIX

École gratuite de dessin.

1821. — Ecole gratuite de dessin. Prospectus. Paris, Imp. Royale. 1773. In-12 de 11 pag.

1822. — Prospectus de l'école gratuite du dessin. (1766) 3 pag. Ms.

1823. — Détails sur l'origine et l'administration de l'école royale gratuite de dessin, sur l'instruction, les prix d'émulation, la police des classes et les sujets qui les fréquentent, s. l. ni d. In-8° de 43 pag.

1824. — Discours sur l'utilité des écoles élémentaires en faveur des arts mécaniques, prononcé par B. (Bachelier) à l'ouverture de l'école gratuite de dessin, le 10 septembre 1766. Paris, Imp. nationale exécutive du Louvre. 1792. In-8° de 17 pag.

1825. — Lettres patentes du Roi portant établissement d'une école royale gratuite de dessin, à Paris, données à Fontainebleau le 20 octobre 1767. Registrées en Parlement le 1er décembre 1767. Paris, Imp. royale. 1790. In-8° de 16 pag.

1826. — Sur l'utilité des établissemens des écoles gratuites de dessin en faveur des métiers. Discours qui a remporté le prix au jugement de l'Académie françoise, en 1767, par M. J. B. Descamps, peintre du Roi... Paris, Imp. royale. 1789. In-8° de 30 pag.

1827. — Mémoire concernant l'école royale gratuite de dessin où l'on montre l'utilité de cet établissement, les avantages qui en résultent, les détails de l'administration et de la direction, et généralement tout ce qui peut y avoir rapport. Paris, Imp. royale. 1774. In-4° de 38 pag.

1828. — Arrest du Conseil d'Etat du Roi qui autorise le bureau d'administration de l'école royale gratuite de de dessin, à continuer annuellement chacun des administrateurs dudit bureau, dans l'exercice de ladite administration. Du 17 décembre 1773. Paris, Imp. royale. 1774 In-4° de 3 pag.

1829. — Essai philosophique sur l'établissement des écoles gratuites de dessin pour les arts méchaniques, par Monsieur de Rozoy. A Paris, de l'imprimerie de Quillau. 1769. 54 pag. Ms.

1830. — Vers présentés à M. de Sartines le lendemain de la distribution des prix pour les arts méchaniques au Palais des Thuilleries. 5 pag. Ms.

1831. — Réglement de l'école royale gratuite de dessin pour les élèves. 4 pag. Ms.

1832. — Arret du Conseil d'Etat du Roi concernant l'école gratuite du dessin, du 13 avril 1776. Extrait des registres du Conseil d'Etat. 4 pag. Ms.

1833. — Extrait des registres du Conseil d'Etat du 7 mai 1785 (arrêt du Roi relatif à la continuation des fonctions des administrateurs de l'école gratuite de dessin en exercice). Paris, Imp. royale. 1790. In-8° de 2 pag.

1834. — Calendrier pour l'année 1790 à l'usage des élèves qui fréquentent l'école royale gratuite de dessin, avec le plan et l'élévation de ladite école. Paris, Imp. royale. 1790. In-8° de 16 pag.

1835. — Mémoire sur l'origine, les progrès et la situation de l'école royale gratuite de dessin, chargée de l'instruction de 1500 élèves. Paris. Imp. Royale. 1790. in-8° de 14 pag.

1836. — A nosseigneurs de l'assemblée nationale (Pétition tendant à ce que la présidence de l'administration de l'Ecole royale gratuite soit annexée à la personne du maire de Paris seul.) Paris. Imp. Royale. 1790, in-8° de 4 pag.

1837. — Attestation et supplication des corps et communautés (relative à l'utilité de l'école gratuite de dessin et aux encouragements dont elle est digne). Paris. Imp. Royale. 1790, in-8° de 4 pag.

1838. — Mémoire sur l'origine, les progrès et la situation de l'école royale gratuite de dessin, chargée de l'instruction de 1500 élèves. Paris. Imp. Royale. 1791. In-8° de 7 pag.

1839. — Extrait du mémoire sur l'éducation nationale françoise, par M. l'abbé Audrein. Paris. Imp. Royale. 1791. in-8° de 2 pag.

1840.— Mémoire (sur l'école royale gratuite de dessin) in-8° de 10 pag.

1841. — Extrait du procès-verbal de l'assemblée nationale du 4 septembre 1790. — L'Assemblée nationale decrète qu'il sera provisoirement payé une somme de 15,600 livres par an à l'école gratuite de dessin de Paris, à compter du 1ᵉʳ Octobre prochain, Paris. Imp. Royale. 1791. in-8° de 8 pag.

1842. — A Nos seigneurs de l'assemblée nationale (Double de la brochure mentionnée plus haut N° 1836).

1843. — Attestation et supplication des corps et communautés (Double de la brochure mentionnée plus haut N° 1837).

1844. — Lettres patentes du Roi portant établissement d'une école royale gratuite de dessin à Paris, données à Fontainebleau le 20 octobre 1767. Registrées en Parlement le 1ᵉʳ Décembre 1767. Paris. Imp. Royale. 1790. in-8° de 16 pag. (Double du N° 1825).

1845. — Extrait des registres du Conseil d'état du 7 mai 1785, (Double du N° 1833).

1846. — Collection des discours de M. Bachelier, professeur de l'Académie royale de peinture, directeur de l'école royale gratuite de dessin, prononcés à l'occasion des distributions de prix depuis l'origine de cet établissement. Paris. Imp. Royale. 1790. in-8° de 64 pag.

1847. — Notes sur l'école gratuite de dessin. Paris. 1791. 7 pag. Ms.

1848. — Mémoire sur l'école gratuite de dessin. Paris. Imp. Royale. 1791. in-8° de 7 pag.

1849. — Extrait du procès-verbal de l'assemblée nationale du 4 septembre 1790. (Double du N° 1841).

1850. — Ecole gratuite de dessein. Liste des fondateurs, Paris. Imp. Royale. 1791. in-8° de 18 pag.

1851. — Petition des souscripteurs de l'école gratuite de dessin. 19 pag. Ms.

TOME LX

RECUEIL SUR LA GRAVURE

1852. — Recueil sur la gravure tiré de l'encyclopédie méthodique ou par ordre de matière. 76 pag. Ms.

1853. — Notice chronologique des principaux graveurs depuis l'origine de l'art, ou histoire de la gravure. M. Schongauer, Israël van Mecheln, M. Wolgemuth, Maso Finiguerra, Sandro Boticelli, Baccio Baldini, A. Mantegna, A. Durer, Marc Antoine, Lucas de Leyde, Georges Pencz, H. S. Beham, H. Aldegrever, A. Altdorfer, Th. de Bry, G. Ghisi, Martin Rota, C. Cort, Cherubin Albert, A. Tempeste, J. et R. Sadeler, C. Galle, Augustin Carrache, Ann. Carrache, Fr. Villamène, H. Goltzius, J. Muller, Jér. Wierix, Nic. de Bruyn, L. Gaultier, Lanfranc, Corn. Schut, Fr. Perrier, Jacq. Callot. 55 pag. Ms.

1854. — Abrégé de la vie de Callot. 10 pag. Ms.

1855. — (Notices sur) A. Van Dyck, Claude Gellée dit le Lorrain, Brebiette, W. Hollar, E. de la Belle, 5 pag. Ms.

1856. — Abrégé de la vie d'Etienne de la Belle, 4 pag. Ms.

1857. (Notices sur) Pierre Testa, A. Bosse, Salv. Rosa, Séb. Bourdon. Ben. de Castiglione, J. Le Pautre, Fr. Chauveau, C. Bloemaert, E. Baudet, M. Natalis, G. Rousselet, G. Vallet, Fr. Poilly, Nic. Pitau, G. Chateau, E. Hainzelmann, Fr. Spierre, J. L. Roullet, P. de Jode, P. Soutman, P. van Sompel, J. Suyderoef. R. van Voerst, L. Vorsterman, P. Pontius, Sch. à Bolswert, G. Hondius, H. Snyers, P. de Balieu, Cl. Mellan. J. J. Thouneysen, Rembrandt, F. Bol, J. G. van Uliet, J. Livens, S. Koninck, Grég. Huret, J. Lutma, M. Dorigny, Is. Silvestre, J. Pesne, N. Berghem, C. Maratte, Corn. Visscher, J. M. Mitelli, J. Mo-

rin, J. Boulanger, R. Nanteuil, Et. Picart, P. S. Bartoli,
A. Masson, Cl. B. Stella, Séb. Leclerc, 76 pag. Ms.

1858. — Abrégé de la vie de Sébastien Leclerc, 10 pag.
Ms.

1859. — (Notices sur) A. Perelle, Ch. Simonneau, L.
Chatillon, A. Loir, G. Lairesse, V. Lefèvre, Fr. Bauduin,
Gér. Audran, Mich. Corneille, J. Luyken, Gér. Edelinck,
P. van Schuppen, P. et Fr. Aquila, Nic. Dorigny, L. Ché-
ron, Ant. Coypel, Ben. Audran, J. Audran,, G. Duchange,
Rob. van Audenaert, Bern. Picart, Pierre Drevet, le
père, Jér. Ferroni, Cl. Gillot, Fr. Chereau, Jacq. Frey, L.
Desplaces, Ch. Dupuis, J. B. Oudry, N. D. Beauvais, Ch.
Nic. Cochin père, Sim. H. Thomassin. 35 pag. Ms.

1860. — Eloge de M. Thomassin, graveur, par M. Lépicié, 2 pag. Ms.

1861. — (Notices sur) A. Cl. Ph. de Tubières, Comte de
Caylus, J. Chereau, Fr. Hortemels, N. Dupuis, P. Drevet
fils, J. Houbraken, L. Cars, P. Subleyras, Th. Wordlige,
Fr. Vivarès, J. Daullé, J. M. Pitteri, J. B. Piranesi, G.
Fr. Schmidt, P. Aveline, J. J. Baléchou. 23 pag, Ms.

1862. — Eloge de M. Baléchou. 4 pag. Ms.

1863. — (Notice sur) J. Ph. Lebas, 2 pag. Ms.

1864. — Note historique sur la vie et les ouvrages de
M. Lebas, graveur, par M. Gaucher, graveur. 1783. 8 pag.
Ms.

1865. — Eloge de Jean Jacques Flipart, graveur du
Roi. 1782. 5 pag. Ms.

1866. — (Notices sur) Cl. H. Watelet, J. L. Lelorrain,
J-Aliamet, J. J. Flipart, W. Wynne, S. Gessner, W.
Woollett, 9 pag. Ms.

1867. — Notice sur M. Mariette (le père). 2 pag. Ms.

1868. — Eloge de M. Duvivier, graveur. 2 pag. Ms.

1869. — Notice historique sur M. Mariette (le fils). 6
pag. Ms.

1870. — Eloge de M. Cochin. 1790. 4 pag. Ms.

1871. — Eloge de M. Cochin, graveur 1790 [signé : Belle]. 8 pag. Ms.

1872. — Eloge de M. Moitte, graveur, par M. Renou. 1781. 2 pag. Ms.

1873. — Notice sur la vie et les ouvrages de Robert Strange, graveur. 1792 [signé : S^t Lu....]. 19 pag. Ms.

1874. — Eloge de M. Delaunay. 1792. [signé : Sarot, ancien avocat] 4 pag. Ms.

1875. — Aux Auteurs des petites affiches de Paris (critique de la notice précédente) 3 pag. Ms.

1876. — Eloge de M. Beauvarlet, graveur, 1797. 7 pag. Ms.

1877. — Réflexions sur les dessins. 3 pag. M.

1878. — Réflexions sur la gravure. 4 pag. Ms.

1879. — Réflexions sur les estampes. l2 pag. Ms.

1880. — Choix des estampes. 8 pag. Ms.

1881. — Tailles-douces en tableaux. 1679. (Annonce d'une *Nativité* gravée par P. Landry d'après Pietre de Cortone.) 2 pag. Ms.

1882. — Annonce d'estampes coloriées par M. Lamiral, hollandais. Décembre 1727. 4 pag. Ms.

1883. — Lettre de M. Leblond au sujet des estampes coloriées, adressée aux rédacteurs du *Mercure de France*. Aout 1738. 1 pag. Ms.

1884. — Tableaux imprimés. Aout 1742 (Résumé très succinct de l'histoire de la gravure en couleur) 6 pag. Ms.

1885. — Tableaux imprimés. 1745 5 pag. Ms.

1886. — Tableaux imprimés. (article relatif aux estampes de Gauthier d'Agoti) *Mercure de France*. Novembre 1745. pag. 177. 4 pag. Ms.

1887. — Nouveaux portraits coloriés qu'on tire en estampes. (Annonce des miniatures peintes par Liotard) 1 pag. Ms.

1888. — Lettre à M. de Boze, membre de l'Académie française et honoraire de l'Académie de peinture et de sculpture, garde des médailles et pierreries du cabinet du Roi au sujet des tableaux imprimés par M. Gauthier, Juillet 1749. 21 pag. Ms.

1889. — Réponse de M. de Mondorge aux informations de M. Remond de Sainte Albine au sujet de la contestation entre deux élèves de feu Leblond dans l'art d'imprimer les tableaux. 13 pag. Ms.

1890. — Estampes coloriées. — Lettre à l'auteur du Mercure. (relative à l'impression en couleur) Décembre 1755. 5 pag. Ms.

1891. — Lettre à l'auteur du Mercure et réponse à la lettre anonyme insérée dans le premier volume de décembre 1755 sur l'invention d'imprimer les Tableaux. Janvier 1756 [signé : Gautier] 22 pag. Ms.

1892. — Réponse à cette lettre de M. Gautier. 26 pag. Ms.

1893. — Nouvelle manière de graver au lavis imitant le dessin lavé dans une si grande perfection que les plus habiles artistes peuvent s'y tromper. (Annonce du procédé inventé par Leprince 1769. 4 pag. Ms.

1894. — L'art de graver au pinceau. (par Stapart) 1773. 2 pag. Ms.

1895. — Collection des gravures à l'imitation de dessins avec les vies de leurs auteurs et des notes historiques et critiques par Charles Rogers. Londres. 1778. 31 pag. Ms.

1896. — Manière de former sur le marbre différents tableaux. 1782. 3 pag. Ms.

1897. — Remarque sur une gravure en bois du XIVᵉ siècle, (Schloting, de Nuremberg) qui se voit à Lyon, M. Delandine, correspondant de l'Académie royale des inscriptions, etc. etc. 1783. 6 pag. Ms.

1898. — Découverte de la machine Polychreste. 1785. [signé : Hall, peintre du Roi]. 3 pag. Ms.

1899. — Réclamation du véritable auteur de cette machine au sujet d'une souscription proposée concernant cette invention. 1787. *Journal de Paris* [signé : Le Ch^er de Segrave, capitaine d'infanterie]. 8 pag. Ms.

1900. — Lettre sur la gravure en manière noire. 1787. 6 pag. Ms.

1901. — Réflexions sur la gravure en manière noire. 1787. [signé : C. N. C..... graveur du Roi]. 6 pag. Ms.

1902. — Revers des médailles. 10 pag. Ms.

TOME LXI.

I. — VIE DES PEINTRES

1903. — Notice sur M. Aubry, peintre, 7 pag. Ms.

1904. — Eloge de M. (Louis) Audran, peintre, 7 pag. Ms.

1905. -- Eloge historique de M. Aved, peintre du Roi. 6 pag. Ms.

1906. — Vers à M. Aved de l'Académie de peinture. 1739. 3 pag. Ms.

1907. — Catalogue raisonné des tableaux de différens bons maîtres des trois écoles, de figures, bustes et autres ouvrages de bronze et de marbre, de porcelaines, et autres effets qui composent le Cabinet de feu M. Aved, peintre du Roi et de son Académie, par Pierre Remy. Vente le lundi 24 novembre 1766.... Paris Didot 1766. in-12 de 69 pag.

1908. — Eloge de M. Bertin, peintre. 3 pag. Ms.

1909. — Éloge de M. Pater, peintre. 1 pag. Ms.

1910. — Eloge de M. Boiard. 1777. 4 pag. Ms.

1911. — Eloge de M. Boulogne, premier peintre du Roi. 3 pag. Ms.

1912. — Eloge de M. Brenet. 1792. 3 pag. Ms.

1913. — Éloge de M. Briard. 7 pag. Ms.

1914. — Vie de Michel Ange Buonarroti, peintre, sculpteur et architecte de Florence, par M. l'abbé Hauchecorne. 7 pag. Ms.

1915. — Description du Tableau représentant le jugement dernier de Michel Ange. 27 pag. Ms.

1916. — Tableau de Michel Ange des Batailles. *Journal de Paris*. 22 novembre 1777. 6 pag. Ms.

1917. — Eloge historique de M. le comte de Caylus, de l'Académie des Inscriptions et belles lettres, de celle de peinture et de sculpture de Paris, etc. 11 pag. Ms.

1918. — Eloge de M. Challe, peintre du Roi. 21 pag. Ms.

1919. — Eloge de M. Chardin, peintre ordinaire du Roi, conseiller et ancien trésorier de l'Académie royale de peinture, membre de l'Académie des sciences, belles lettres et arts de Rouen. 11 pag. Ms.

1920. — Second éloge de M. Chardin, par M. Renou, 6 pag. Ms.

1921. — Eloge de Noel Coypel. 12 pag. Ms.

1922. — Eloge d'Antoine Coypel, 11 pag. Ms.

1923. — Eloge de M. Antoine Coypel, 4 pag. Ms.

1924. — Articles concernant M. Coypel père né en 1661 et mort en 1722, âgé de 56 ans. 1682. 7 pag. Ms.

1925. — Tableau de Susanne. 1695 (par M. Coypel), 10 pag. Ms.

1926. — Vers sur le tableau de l'histoire de Suzanne. 4 pag. Ms.

1927. — Tableau d'Athalie, par M. Coypel, 1697. 2 pag. Ms.

1928. — Vers libres sur le tableau d'Athalie. 6 pag. Ms.

1929. — Susanne accusée par les vieillards. Tableau de.M. Coypel, premier peintre du Roy. 1722. Poème. 10 pag. Ms.

1930. — Eloge de Noel Nicolas Coypel. 11 pag. Ms.

1931. — Eloge de M. Dandré-Bardon. 1783. 5 pag. Ms.

✕ 1932. — Eloge historique de M. Maurice Quentin de

la Tour, peintre du Roi... prononcé le 2 mai 1788 à l'Hôtel-de-Ville de Saint-Quentin... par M. l'abbé Du Plaquet... Saint-Quentin. F. T. Hautoy. 1789. In-8° de 71 pag.

1933. — Vers à M. de la Tour pour le remercier de son portrait dont il a fait présent à l'auteur. 1 pag. Ms.

1934. — Eloge historique de M. Deshayes. 8 pag. Ms.

1935. — Eloge de M. Deshayes. 4 pag. Ms.

1936. — Eloge de M. Desportes, le père. 11 pag. Ms.

1937. — Lettre de M... à M. le C. D. L. R. sur la mort de Jacques Antoine Arlaud, habile peintre de Genève. 9 pag. Ms.

1938. — Eloge de M. de Troy. 7 pag. Ms.

1939. — Eloge historique de M. (Hubert) Drouais, peintre. 7 pag. Ms.

1940. — Eloge de M. (François Hubert) Drouais, peintre du Roi, conseiller de l'Académie royale de peinture et de sculpture, premier peintre de Monsieur et de Madame. 11 pag. Ms.

1941. — Eloge de M. (Germain Jean) Drouais, élève de l'Académie royale de peinture et de sculpture. 1788. 21 pag. Ms.

1942. — Au Rédacteur des *petites affiches de Paris* (à propos de Germain Jean Drouais.) [signé : François, peintre]. 2 pag. Ms.

1943. — Eloge de M. (Germain Jean) Drouais, peintre. 8 pag. Ms.

1944. — Eloge de M. Dumont, le Romain, peintre, par M. Renou. 1781. 5 pag. Ms.

1945. — Biographie. — Notice sur la vie et les ouvrages de Louis Jacques Durameau, peintre d'histoire. [signé : J. B. C. Robin, peintre]. in-8° de 19 pag. Défait.

1946. — Eloge de M. Jacques Philippe Ferrand, peintre. pag. Ms.

1947. — Eloge de M. André Charles Boulle. 1 pag. Ms.

1948. — Notice sur M. de Piles. 3 pag. Ms.

TOME LXII.

VIES DES PEINTRES.

1949. — Eloge de M. Hallé. 21 pag. Ms.

1950. — Eloge de M. Hallé, peintre, par M. Renou. 1781. 6 pag. Ms.

1951. — Catalogue de tableaux, dessins, estampes, et autres objets de curiosité provenans du Cabinet de feu M. Hallé, chevalier de l'ordre du Roi... dont la vente se fera le lundi 2 juillet 1781... Paris. M. de Marolle et et Joullain. 1781. In-8° de 24 pag. Ms.

1952. — Eloge d'Hogarth, peintre comique anglais. 6 pag. Ms.

1953. — Abrégé de la vie de M. Jouvenet, peintre. 5 pag. Ms.

1954. — Eloge de M. de Julienne (par M. de M.... ami de M. de Julienne). 9 pag. Ms.

1955. — Eloge de M. N. Klingstet, peintre. 2 pag. Ms. ·

1956. — Eloge de M. Lebrun. *Mercure de France*, février 1690. 20 pag. Ms.

1957. — Lettre de M. de G.... sur les descendans de Charles Lebrun, premier peintre du Roi. *Mercure de France*. 15 mai 1763. 3 pag. Ms.

1958. — Eloge de M. Lépicié. 3 pag. Ms.

1959. — Notice sur M. Leprince, de L'Académie royale de peinture et sculpture, peintre du Roi. 10 pag. Ms.

1960. — Eloge de M. Leprince, de l'Académie royale de peinture. [signé : Renou]. 6 pag. Ms.

1961. — Notice des principaux articles de tableaux, dessins, estampes, terres cuites, plâtres, planches gra-

vées, habillemens étrangers, armes curieuses, manne-
quins et autres objets provenans de la succession de feu
M. Le Prince, peintre du Roi, par M. J. B. P. Lebrun,
peintre, dont la vente se fera le mercredi 28 novembre
1781.... Paris. 1781. In-8° de 22 pag. .

1962. — Eloge de M. Martin, peintre. 5 pag. Ms.

1963. — Eloge de M. Massé, peintre du Roi. 5 pag.
Ms.

1964. — Vers adressés à M. Massé, peintre du Roi et
de son Académie de peinture et de sculpture au sujet de
la grande galerie de Versailles, gravée par ses soins et
sur ses dessins. 1760. 4 pag. Ms.

1965. — Eloge de M. Nattier, peintre ordinaire du Roi
et professeur de son Académie. 13 pag. Ms.

1966. — Vers à M. Nattier, de l'Académie royale de
peinture sur son tableau représentant la Justice qu'on
voit depuis peu dans le salon du Temple à Paris. 1737.
1 pag. Ms.

1967. — Essais sur la vie et sur les tableaux du Poussin. 1783. 46 pag. Ms.

1968. — Annonce de l'éloge de Nicolas Poussin par
M. Guibal. 4 pag. Ms.

1969. — Apothéose de Poussin à Rome. 1782. [Signé :
l'abbé Pech.] 5 pag. Ms.

1970. — Lettre de M. Grosley sur ce sujet à M. de La
Tour au sujet d'un tableau de Poussin. 26 octobre 1782.
3 pag. Ms.

1971. — Réponse de M. Bailly à cette lettre. 26 octobre 1782. 1 pag. Ms.

1972. — Essai sur la vie et les tableaux du Poussin.
1783. 2 pag. Ms.

1973. — Aux auteurs du *Journal de Paris*. (Note sur le
buste que Seroux d'Agincourt fit faire de Nic. Poussin
et qu'il fit placer dans le Panthéon). 2 pag. Ms.

1974. — Eloge de Nicolas Poussin, peintre ordinaire

du Roi. Discours qui a remporté le prix à l'Académie royale des sciences, belles-lettres et arts de Rouen le 6 aout 1783, lu à l'Assemblée de l'Académie royale de peinture et sculpture le 4 octobre suivant par M. Nicolas Guibal. Paris, Imp. royale. 1783. 63 pag. Ms.

1975. — Eloge de M. Raoux, peintre. 4 pag. Ms.

1976. — Abrégé de la vie de Rembrandt. 14 pag. Ms.

1977. — Eloge de M. (Jean) Restout. 18 pag. Ms.

1978. — Précis de la vie de M. (Jean) Restout. 6 pag. Ms.

1979. — Notice sur la vie et les ouvrages de Jean Bernard Restout, peintre. [Signé : J. B. C. Robin.] 23 pag. Ms.

1980. — Essai sur la vie et les ouvrages de M. Rigaud, peintre, par M. Colin de Vermont, peintre ordinaire du Roi et professeur en son Académie royale de peinture. 1744. 7 pag. Ms.

1981. — Vers à M. Rigaud, par M. Tavenot. 1741. 3 pag. Ms.

1982. — Eloge de M. le duc de Saint-Aignan. 4 pag. Ms.

1983. — Abrégé de la vie de Jean Baptiste Santerre, peintre. 7 pag. Ms.

1984. — Eloge de M. Robert de Sery, peintre. 3 pag. Ms.

1985. — Eloge de M. Théolon. 1780. [Signé : Renou.] 2 pag. Ms.

1986. — Eloge de M. Tremolière, peintre. 1 pag. Ms.

1987. — Eloge historique de M. Carle Vanloo. 25 pag. Ms.

1988. — Liste des principaux ouvrages de Carle Vanloo. 14 pag. Ms.

1989. — Eloge de Jean Baptiste Vanloo. 4 pag. Ms.

1990. — Lettres de .M. Pistoye, avocat au parlement de Provence à M. Dandré-Bardon au sujet de la mort de M. Vanloo, professeur en l'Académie royale de peinture et de sculpture etc. décédé à Aix en Provence le 20 septembre 1745. 2 pag. Ms.

1991. — Réponse de M. Dandré-Bardon à la lettre précédente. 2 pag. Ms.

1992. — Extrait d'une lettre écrite de Constantinople le 24 janvier 1737 sur la mort de J. B. Van Mour, peintre flamand, 3 pag. Ms.

1993. — OEuvre d'Antoine Watteau — Abrégé de la vie d'Antoine Watteau (par Gersaint). 20 pag. Ms.

1994. — Eloge de Watteau. 4 pag. Ms.

1995. — Epitaphe de Watteau, peintre flamand. 3 pag. Ms.

1996. — Eloge de M. Wattelet. 1786. 12 pag. Ms.

1997. — Eloge de M. (Joseph) Vernet. 9 pag. Ms.

1998. — Vers adressés à M. (Joseph) Vernet sur le tableau qu'il vient de faire pour M. le Comte de Vaudreuil. 1786· 2 pag. Ms.

1999. — Eloge de M. Weyler. 2 pag. Ms.

2000. — Eloge de M. Wleughels qu'on prononce Wlougls, peintre. 2 pag. Ms.

TOME LXIII

RECUEIL DE PIÈCES. PEINTURE

2001. — Observations sur l'origine du dessin. 2 pag. Ms.

2002. — Observations sur l'origine de la sculpture. 2 pag. Ms.

2003. — Des différentes espèces renfermées dans la sculpture. 11 pag. Ms.

2004. — Observations sur l'origine de la peinture. 7 pag. Ms.

2005. — De la peinture en général. Origine de la peinture. 14 pag. Ms.

2006. — Du vrai dans la peinture, 28 pag. Ms.

2007. — Observations sur l'origine de la gravure. 2 pag. Ms.

2008. — Table concernant les noms des hommes qui se sont distingués dans les Arts depuis les temps voisins de la prise de Troye jusqu'au siècle d'Alexandre inclusivement. 10 pag. Ms.

2009. — Seconde table contenant les noms des artistes illustres rangés par ordre alphabétique. 10 pag. Ms.

2010. — Origine de la sculpture et de la peinture, selon la fable. 3 pag. Ms.

2011. — Première lettre : de l'excellence de la peinture. 11 pag. Ms.

2112. — Seconde lettre. Du peu d'estime qu'on a eu pour la peinture dans les premiers siècles. 5 pag. Ms.

2013. — Troisième lettre. De la manière dont la peinture a été trouvée. 13 pag. Ms.

2014. uatrième lettre. Histoire de Demarate et de Philonome. 14 pag. Ms.

2015. — Origine de la peinture et ses progrès. 14 pag. Ms.

2016. — Des peintres anciens et de leurs manières. [Signé : Germain, de Caen]. 53 pag. Ms.

2017. — Etat de la peinture et de la sculpture en France à la fin du XIIIᵉ siècle. 4 pag. Ms.

2018. — Observations sur les progrès de la peinture en France. 3 pag. Ms.

2019. — Préface d'un livre qui a pour titre : Traité de la peinture. *Mercure de France*. Juin 1699. 7 pag. Ms.

2020. — Essai sur la peinture la sculpture, et l'architecture. 1751. In-8° de 34 pag.

2021. — Remarques sur l'époque de la peinture à l'huile. 1782. [Signé : Leprince jeune]. 5 pag. Ms.

2022. — Description historique de la miniature. 7 pag. Ms.

2023. — Traité élémentaire sur l'art de peindre en miniature par le moyen duquel les amateurs qui ont les premiers principes du dessin peuvent atteindre à la perfection dans ce genre, sans le secours d'un maître par M. Violet, peintre en miniature et membre de l'Académie de Lille en Flandres. A Rome et se trouve à Paris, chez l'auteur et chez Guillot. 1788. In-18 de 71 pag.

2024. — La peinture éludorique, nouvelle façon de peindre en miniature, par M. Vincent de Montpetit. 1759. 3 pag. Ms.

2025. — Peinture sur la glace. 1 pag. Ms.

2026. — Peinture sur verre. 1787. 6 pag. Ms.

2027. — Découverte importante sur la peinture des Anciens ou peinture encaustique. 1754. 4 pag. Ms.

2028. — Lettre à Monsieur.... sur la peinture encaustique. 9 pag. Ms.

2029. — Mémoire sur la peinture à l'encaustique et sur la peinture à la cire par M. le comte de Caylus. 1755. (Titre seul de l'ouvrage). 1 pag. Ms.

2030. — Observations sur la peinture à fresque. 3 pag. Ms.

2031. — Réponse à ces observations. [Signé S...] 4 pag. Ms.

2032. — Réponse à cette lettre signée S..... 8 pag. Ms.

2033. — Observations de Bachaumont sur la peinture à fresque. 27 octobre 1783. 2 pag. Ms.

2034. — Projet tendant à l'établissement des mosaïcistes en France. 4 pag. Ms.

2035. — Réponse à cet écrit. 3 pag. Ms.

2036. — Réplique faite à cette lettre. [Signé : Kergolé]. 6 pag. Ms.

2037. — Autre réponse à cette réplique. 3 pag. Ms.

2038. — Lettre sur la découverte d'un pavé en mosaïque. 3 pag. Ms.

2039. — Réponse à la lettre antiprécédente sur les mosaïques. 4 pag. Ms.

2040. — Annonce sur la peinture arabesque (Réclame pour le sieur Windsor.) 2 pag. Ms.

2041. — Annonce sur la peinture arabesque. (autre réclame du même Windsor et réclame pour un sieur Robert) 2 pag. Ms.

2042. — Réponse du sieur Windsor à cette seconde annonce. 2 pag. Ms.

2043. — Tableaux en petit point. (par Teissier). Avril 1731. 1 pag Ms.

2044. — Réflexions sur les Tableaux. 11 pag. Ms.

2045. — Etablissement d'une Académie de peinture et de sculpture à Bordeaux. 1691. 4 pag. Ms.

2046. — Lettre écrite à l'Académie royale de peinture et de sculpture de Paris par M. Van Schuppen, peintre du Roi et conseiller en la même Académie au sujet de l'Académie impériale de peinture et de sculpture de laquelle il est directeur (de Vienne). Avril 1732. 4 pag. Ms.

2047. — Catalogue de Messieurs de l'Académie de peinture et de sculpture en 1682. 2 pag. Ms.

2048. — Discours prononcé à l'Académie de peinture et de sculpture au sujet de son établissement au Louvre. 16 mars 1692. 9 pag. Ms.

2049. — Essai sur l'Académie de France établie à Rome par M. Algarotti, chambellan de S. M. Prussienne, traduit de l'Italien par M. Pingeron, capitaine d'artillerie au service du Roi de Pologne. 4 pag. Ms.

2050. — Essai sur l'Académie de France établie à Rome. 54 pag. Ms.

2051. — Discours sur la peinture par M. Nonotte, peintre du Roi, de l'Académie royale de peinture et sculpture, de la Société royale de Lyon. lu en 1754. 29 pag. Ms.

2052. — Reflexions sur la peinture. 8 pag. Ms.

2053. — Discours prononcé par M. Tronchin des Délices, député du Grand Conseil de la République de Genève pour présider les Assemblées publiques de la Société établie pour l'avancement des Arts dans sa séance du 31 décembre 1787. 5 pag. Ms.

2054. — Dissertation lue à l'Académie de peinture. De la légereté d'outil. Mercure de France. Septembre 1756. 35 pag. Ms.

2055. — Epître à Madame de S... sur la peinture. 1714. 4 pag. Ms.

2056. — Epître sur la peinture à Monsieur de S... 3 pag. Ms.

2057. — Ode à la peinture, 1764, par M. B... 8 pag. Ms.

2058. — Dialogue entre Michel-Ange et Raphael d'Urbin. [Signé : J. C. Thiollière, curé de Saintonge.] 7 pag. Ms.

2059. — Portraits des quatre premiers peintres d'Italie. 4 pag. Ms.

2060. — Lettre d'un amateur de la peinture à Monsieur Dupont, élève de M. Nattier, concernant la manière d'étudier en peinture. 1759. 9 pag. Ms.

2061. — Réponse à cette lettre. 8 pag. Ms.

2062. — Combien il est utile aux jeunes artistes de copier les ouvrages des grands maîtres. 1779. (Extrait de la théorie générale des beaux-arts, ouvrage allemand de M. Sulzer). 9 pag. Ms.

2063. — Explication des différens jugemens sur la peinture. 1762. 26 pag. Ms.

2064. — Mémoire où il est question de la peinture des Turcs et des Persans. 6 pag. Ms.

2065. — Discours sur la perspective de l'ancienne

peinture ou sculpture, par M. l'abbé Sallier. 6 avril 1728.
23 pag. Ms.

2066. — Préface de la critique d'un traité de perspective par le Père Lamy, prêtre de l'Oratoire. 4 pag. Ms.

2067. — Lettre à M. Antier touchant la perspective. 6
pag. Ms.

2068. — Lettre de M. Antier touchant la science de la
tive. septembre 1798. 4 pag. Ms.

2069. Le moyen de devenir peintre en trois heures et
d'exécuter au pinceau les ouvrages des plus grands
maîtres sans avoir appris le dessin. 1754. 78 pag. Ms.

M. Deloynes a terminé ce recueil par la note suivante :

« Cet ouvrage n'étant destiné que pour mon utilité
particulière, je prie les personnes entre les mains
desquelles il pourrait tomber de n'être pas étonnées
de n'y pas trouver l'ordre qu'on aurait pu lui donner. »

TABLE DES MATIÈRES

1763. — 99, 100, 101, 102, 103, 104, 903, 1283, 1284, 1285, 1286, 1287, 1289.

1765. — 107, 108, 109, 110, 111, 112, 113, 904, 905, 1293, 1294, 1295, 1296.

1767. — 906, 1297, 1298, 1299, 1300, 1301, 1302.

1769. — 119, 120, 121, 122, 123, 124, 125, 126, 127, 128, 130, 131, 132, 133, 134, 135, 136, 137, 907, 908, 909, 910, 1313, 1314, 1315.

1771. — 141, 142, 143, 144, 145, 911, 1317, 1318, 1319, 1320, 1321, 1322.

1773. — 147, 148, 149, 150, 151, 152, 153, 154, 156, 912, 915, 1326, 1327, 1328, 1329.

1774. — 913, 914.

1775. — 159, 160, 161, 162, 163, 164, 165, 166, 167, 917, 918, 1332.

1777. — 178, 179, 180, 181, 186, 187, 188, 189, 190, 191, 192, 919, 920, 1333, 1334.

1779. — 197, 199, 200, 201, 202, 203, 205, 206, 207, 208, 209, 210, 211, 212, 213, 214, 215, 216, 217, 219, 220, 230, 1336, 1337.

1781. — 249, 252, 253, 254, 255, 257, 258, 259, 260, 261, 262, 263, 264, 265, 266, 267, 268, 269, 270, 271, 272, 274, 275, 276, 277, 930, 1339, 1340, 1341, 1342.

1782. — 933.

1783. — 285, 286, 287, 288, 289, 290, 291, 292, 293, 294, 295, 296, 297, 298, 299, 300, 301, 302, 303, 304, 305, 306, 307,

308, 309, 311, 312, 313, 314, 316, 934, 935, 1343.

1784. — 939.

1785. — 325, 326, 327, 328, 329, 330, 331, 332, 333, 334, 335, 336, 337, 338, 339, 340, 341, 342, 343, 344, 345, 346, 348, 349, 350, 351, 352, 356, 362, 363, 364, 365, 366, 941, 942, 943, 1344, 1345, 1346, 1347, 1348, 1349, 1351.

1786. — 911.

1787. — 371, 372, 373, 374, 375, 376, 377, 378, 379, 380, 381, 382, 383, 384, 385, 386, 387, 388, 389, 390, 394, 395, 396, 397, 399, 400, 402, 403, 404, 1357, 1358, 1359, 1360, 1362.

1789. — 410, 411, 412, 413, 414, 415, 416, 417, 418, 419, 420, 421, 422, 423, 424, 426,

1791. — 434, 436, 437, 438, 439, 440, 441, 442, 443, 444, 445, 446, 447, 448, 449, 450, 452, 1363.

1793. — 458, 459.

1795. — 469, 470, 471, 472, 473, 474, 475, 476, 477.

1796. — 486, 487, 488, 489, 490, 491, 492, 493, 494, 495, 496.

1798. — 527, 528, 529, 530, 531, 532, 534, 535, 537, 538, 539, 540, 541, 542, 544, 545.

1799. — 561, 562, 563, 565, 566, 567, 568, 569, 579, 580, 581, 582, 583, 587, 1385, 1389.

1800. — 622, 623, 624, 625, 626, 627, 628, 629, 630, 631, 632, 633, 634, 635, 638, 639, 640, 641, 644.

1801. — 682, 683, 684, 685, 686, 687, 688, 689, 690, 691, 692, 693, 694, 695, 696, 697, 698,

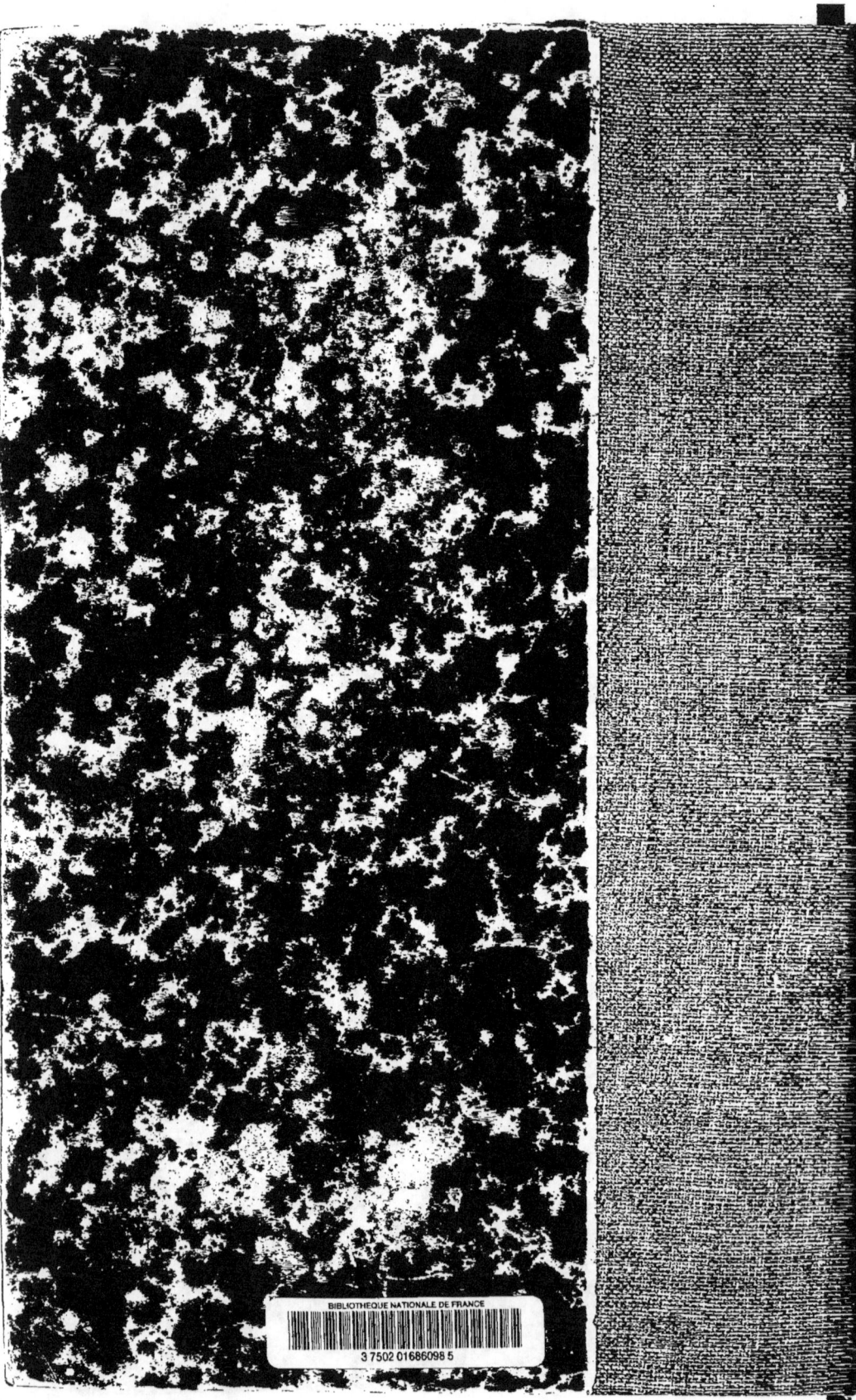

www.ingramcontent.com/pod-product-compliance
Lightning Source LLC
Chambersburg PA
CBHW051524050726
47503CB00014B/1361